教科指導法シリーズ
改訂第2版

小学校指導法

社会

寺本 潔
編著

玉川大学出版部

改訂第2版まえがき

家族と出かけて，近世の城や歴史的な街並みを訪れる場合がある。その際，社会科で習った世界遺産の一つである姫路城と比べて考えることのできる子どもは歴史を俯瞰できる目を持っている。また，広い水田の景色を眺めて，米作りの大切さに気付く子どもは，社会科を俯瞰できる目を持っている。つまり，社会科学習で獲得した知識や見方を授業とは異なる実際の場面で比較したり，応用・転移したりできた瞬間に「社会を俯瞰できる」と表現できるだろう。

例えば，ある地域を扱った地図の活用は，学んだ社会事象を図の上で位置付け，上からの広がりを有した視点（空間軸）で捉える能力を育成する。その意味で，文字どおり「俯瞰する目」を養うことができる。さらに歴史年表は，時代の流れという全体像の中で歴史的事実を位置付けることができる。これも時間軸という世界の俯瞰である。地図や年表は言い換えれば，社会生活に対する俯瞰力を育む重要なツールであり，コンテンツでもある。

「俯瞰の目」には，2種類ある。一つは「斜めから眺める俯瞰の目」である。これは，真横からしか見ていない日常の子どもの視点（普段の考えや先入観）や思考の段階（自己中心的な見方）から，やや視点を上げて，斜め上から事物や事象を把握できる目である。これにより，横から見ているだけでは，物事の背後に隠れて見えなかった社会事象の意味を見つめるようになり，ある程度社会の姿が見えてくる段階を指す。

次に社会現象を示した関係図の活用を通して「真上からの俯瞰の目」に引き上げたい。小学校では第3，4，5，6学年で学習する単元の終末に達する段階である。真上から社会事象を眺める視点によって，社会事象の広がりがつかめ，全体の中での位置付けや意味が理解できる段階を指す。教科書でいえば各単元の最終ページにまとめてある内容でもある。

真上から見下ろすことで「社会の場所を俯瞰する目」を養える。さらに「社会の歴史の流れの俯瞰」「支え合う社会のしくみの俯瞰」も考えられる。

まず，「社会の場所を俯瞰する」とは，地域社会のしくみや公共の仕事，地域の地理的事象，国土の様子，世界の中の日本などの面的な空間認識の中に社会事象が位置付く俯瞰を示している。この指導方法では地図が多用される。

また,「社会の歴史の流れを俯瞰する」とは,中学年では「地域の昔からの交通の変遷」を3世代という時間の俯瞰で位置付けられる力であり,6年の歴史の学習では,「年表の中で歴史的事件を位置付ける力」である。過去と現在がつながり,さらに近未来までもこの俯瞰力で見通せるかもしれない。例えば,室町文化の学習場面で,お茶や床の間,盆踊りなどが現代にまで日本人の習慣として引き継がれている事実を「時間の俯瞰」で改めて捉え,今につながる伝統文化がどうして室町時代に生まれたのか,これからも引き継いでいけるかを考えることができる目が「俯瞰の目」にあたる。また,1886(明治19)年に起きたノルマントン号事件を年表で位置付けて理解するには,幕末に諸外国との間で結ばれた修好通商条約にまでさかのぼり,同時にノルマントン号事件の後に高まった不平等条約改正のうねりと治外法権の解消まで扱う必要がある。前後の出来ごとを年表で押さえたことで,ノルマントン号事件の歴史的な意味が俯瞰できる。

最後に「支え合う社会のしくみを俯瞰する」とは,社会生活を成り立たせている社会を支えている人々の思いや願い,工夫や努力への共感を単に感情移入し感動して終わるだけでなく,冷静な目で人がどのような思いで仕事をしているのかを理解する目である。

例えば,消防署に勤務している消防士の仕事の意味を追究させる段階で,消防士の服装や装備の重さに着目させながら,何のために重装備で消火に臨むのかを紐解く学習は,消防の仕事を俯瞰する目ともいえる。あるいは,日本の政治のしくみを理解させる上で,三権分立の三角形の図が有名であるが,国会・内閣・裁判所の関係を捉える目は,民主的な政治のしくみとして人々が作ってきた政治への思いが投影されたものであり,戦後の日本国憲法への思いも同時に図解で示す必要があろう。

また,日本の農業の学習で「東北地方の農家の人は,美味しいお米をどうしてがんばって作っているのでしょうか?」との発問に対し,「美味しいお米が好きだから」「美味しいお米を作るのが楽しいから」と答える目ではなく,「美味しいお米づくり」を積極的に選択して農家の人々は働いている,水田単作地帯である特性を最大限活かす農業として適地適作と品種改良への努力に裏づけられた農業である,との見方に達する目である。

つまり,「俯瞰する目」の効果をあげるために,具体的な指導技術では,地図・

年表・図解を駆使すること，視点を引き上げる言葉がけを行うこと（俯瞰を促す発問・指示），まとめの段階で地図や年表，図解をラフでもいいから児童に描かせて俯瞰する目を自分自身で視覚化させること，などがこの目の育成には欠かせないと考えている。こういった社会科指導に具体的に関係する力を教師として鍛えていく上での指導書の役割を改訂第2版には持たせている。奮って通読してもらえたら，嬉しい限りである。

編著者を代表して
寺本　潔

目次

I　社会科教育の理論と方法

第 1 章

社会科教育の意義と役割

社会科は70年前に誕生し，その理念は米国の民主主義からもたらされたものであった。戦後，様々な教育思想や教育実践が花を開き，現場教師たちの授業研究に向かう努力もあっていわば日本的社会科として発展してきた。社会科は，教科目標である「公民としての資質・能力の基礎」（citizenship）を養うことを通して民主主義社会の実現に寄与するという大きな役割を担っている。しかしながら，社会そのものの急速な変化の時代にあって，教科としてどのような意義と役割を有しているのであろうか。

本章では社会科が誕生した昭和22年の学習指導要領にも立ち返りつつ，社会科本来の教科の性格や責任の所在を明らかにし，社会科の今日的な意義を考えてみる。

キーワード　公民的資質　民主主義　学習指導要領　戦後

第1節　社会科の原点

1．社会科の誕生からの発展

社会科の原点は，終戦直後に文部省内に設置された公民教育刷新委員会の手になる「公民教育刷新委員会答申」（1945〔昭和20〕年12月）であり，本格的には1947（昭和22）年に「試案」として『学習指導要領』が発行された時点にさかのぼる。米国のバージニアプランと呼ばれる教育活動の計画が元になっており，学習内容や範囲を示すスコープ（scope）とその内容の観点や教える手順を系統的に配列したシーケンス（sequence）からなる道筋としてコース・オブ・スタディ（course of study）がつくられたのである。

我が国においては桜田プラン（東京都港区桜田小学校で昭和20年代に行わ

れた社会科教育）や川口プラン（埼玉県川口市で昭和22年に行われた社会科カリキュラム）などに代表される数多くの地域や学校ごとの教育計画が作成された。その原点は，地域社会の将来の担い手である子どもたちに社会生活や社会の仕組みに対する理解を深めさせ，積極的に新しい社会の建設にかかわろうとする資質や能力の育成を目指すことにあった。社会科で扱う内容にはその土地ならではの地域の課題（例えばどうしてこの町で水害が起こったのか，文化的な住宅と暮らし方とは何か，農村ではどんな暮らしをしているかなど）が選ばれたり，一部には消防・警察や郵便の仕事を始めとする公共の役割を子ども消防団や防犯団，子ども郵便局などを模擬体験させながら学んだりするという体験的な教育も進められていた。

これらの学習を通して社会には，生命や財産の保護，物質の生産・流通・消費，交通・運輸・通信，教育などのいろいろな働き（社会機能）があり，社会機能は自分たちの生活を向上させ，公共の福祉の増進のために協同活動として働いていると実感させる学びが展開されていた。この意味において，社会科は子どもの社会への適応（社会化）を促す役割を持ち，民主主義社会の一員としての自覚を育成するという戦後社会にとって大きな期待を背負った教科である。今日，「キー・コンピテンシー」や「資質・能力」と呼ばれる現実社会で生きて働く学力観が論じられる時代に至り，今一度社会科誕生の意義を振り返ることが大切であろう。

一方で，社会機能は学習の深まりと広がりを用意するために家庭や学校から近隣社会，市や県，国，外国といった学習領域の拡大を学習内容選定の規準に据えるため，扱う題材も子どもにとって身近なものから遠くのものへ，直接経験から間接経験へ，具体から抽象へという学習心理の原則をもたらし，学校・家庭・近隣の題材を低学年で学び，地域社会の事象を中学年で，国土の様子や国際社会の事柄については高学年で学ぶという経験領域のいわゆる同心円的拡大に基づいて学んでいくという原理が整えられた。この原理は基本的には今日の日本における社会科に引き継がれてきているが，グローバル社会の進展に伴い修正されてきている。

ところで，昭和25年ごろから30年代前半にかけて全国の小学校で盛んに論じられた教育思潮は，児童の生活体験の組織化をコア（核）として社会機能の増進の観点から学習を進める教育課程を重視しており，いわゆるコア・カリキュラムと呼ばれていた。また，初期の社会科は見学や調査，構成活動，ディスカッションなどを重視し経験学習を重んじる教育であった。児童の社会生活への適応を促していく上では大切な意味を有していたものの，経験学習には時間がかかり，また到達目標が明確でなく，基礎知識や技能の定着にも配慮が足らなかったため，「体験あって学びなし」「這（は）い回る社会科」として批判された。

しかし，授業を通して社会に積極的に参加させようとした点で社会参画の視点を有しており，今日的にも見直す意義がある。その後，社会科は昭和30年，33年，43年，52年，平成元年，10年，20年，29年の8回の改訂を経て今日に至り，小学校教育の主要な教科として定着してきているが，一方で社会的な常識に関する基礎知識の欠如や，政治への無関心，地域社会への貢献意識の希薄，複雑な社会事象に関する情報処理や資料・文脈の読解力の低下，国際的に広い視野で物事を捉えることに対する不得意さなどが指摘され，それらの改善に向けて社会科が果たす責任が問われている。

一方，社会構造や雇用環境の大きな変化や人工知能（AI）の飛躍的な進化により知識や概念的思考の在り方が変わり，学校において獲得する知識の意味にも大きな変化をもたらすといわれている。社会科こそ「何ができるようになるか」「何を学ぶか」「どのように学ぶか」などといったカリキュラム・マネジメントが求められる教科といえよう。

社会科は地理や歴史，公民も含んだ広領域にまたがる教科であったため，発足当時から論争が絶えなかった。代表的な論争として問題解決学習と系統学習にかかわる論争，同心円的拡大法をめぐる論争，生活科誕生や高校世界史必修化に伴う高校社会科の解体，総合的な学習との住み分けなどが主なものである。このうち，問題解決学習か系統学習かの論争は，当時の社会問題である貧困や不平等などの日本社会特有の問題を児童・生徒に科学的に理解させるための問題解決学習を標榜していた日本生活教育連盟やあくまでも児童・生徒の切実な社会生活上の問題を取り上げ，それを児童・生徒とともに解決すべく学習を展開すべきだと主張した社会科の初志をつらぬく会の主張と，地理や歴史，公民の系統的な知識教育を重視した教育科学研究会の支持者などとの熱い論争が代表的である。これらの論争は科学的な知をどう考えるか，生活や体験から学ぶ知をどう捉えるかにかかわっており，今日的にも考えるに値する論点である。

2. 改正教育基本法を踏まえた学習指導要領の改訂

2006（平成18）年に約60年振りに教育基本法が改正された。これは新しい知識や情報，技術などが政治や経済，文化などの社会のあらゆる領域の在り方を組み換える時代に突入している「知識基盤社会」への対応でなされたことであり，様々なアイディアなど知識そのものや優れた人材をめぐる国際競争が加速されるだけでなく，異なる文化の受容や共存，国際協力などの必要性が増大している「多文化社会」や「グローバル化した社会」からの要請に応えるためにも行われた改正である。

同時に国際学力調査（PISA調査）の結果から，我が国の児童生徒の学習能力に関して読解力や基礎的な知識・技能を活用する問題の出来が悪いこと，読解力の成績分布の分散が拡大し，能力差が広がっていること，下位の能力に位置する児童生徒の家庭での学習時間が少なく，学習意欲の側面で課題が見られること，体力の低下や自分への自信の欠如，将来への不安感が諸外国の間でも低い状況に陥っていることなどが改正の背景に横たわっている。

改正された教育基本法の中で社会科に特に関係する箇所を抜き出して見ると次のような文面が抽出される。

第二条

三　正義と責任，男女の平等，自他の敬愛と協力を重んずるとともに，公共の精神に基づき，主体的に社会の形成に参画し，その発展に寄与する態度を養うこと。

五　伝統と文化を尊重し，それらをはぐくんできた我が国と郷土を愛するとともに，他国を尊重し，国際社会の平和と発展に寄与する態度を養うこと。

今回の改訂は，これらの改正の延長上にあり，2016（平成28）年12月21日に出された中央教育審議会答申により改正作業が進められたものである。とりわけ，よりよい社会と幸福な人生の創り手となる力を身に付けられるようにすることが重要視され「生きる力」を育むことが理念として引き継がれたこと，汎用的な能力を育成することが世界的な潮流でもあり，「知識･技能の習得」「思考力・判断力・表現力等の育成」「学びに向かう力・人間性等の涵（かん）養」の三つの柱に再整理されたことは重要である。また，『小学校学習指導要領　第1章総説』において配慮事項として道徳教育を進めることが改めて特記され，家庭や地域社会との連携の方法も示すよう求められたことは社会科とも密接に関わる。さらに，小学校社会科の目標に初めて「グローバル化する国際社会」というカタカナの文言が入れられたことも注目に値する。これは中央教育審議会答申での小学校社会科における次の具体的な改善事項を受けた改訂である。

○小学校社会科においては，世界の国々との関わりや政治の働きへの関心を高めるよう教育内容を見直すとともに，自然災害時における地方公共団体の働きや地域の人々の工夫・努力等に関する指導の充実，少子高齢化等による地域社会の変化や情報化に伴う生活や産業の変化に関する教育内容を見直すなどの改善を行う。

○小学校社会科においては，これまで第4学年から配布されていた「教科用図書地図」を第3学年から配布するようにし，グローバル化などへの対応を図っていく。

各学年の目標も前述した三つの柱に沿った資質・能力として整理・明確化された。「社会的事象の見方・考え方」が強調され，「位置や空間的な広がり，時期や時間の経過，事象や人々の相互関係に着目して社会的事象を捉え，比較・分類したり総合したり，地域の人々や国民の生活と関連付けたりすること」と整理された。この整理によって下図にみられるような中学校社会科との接合が明確化された。

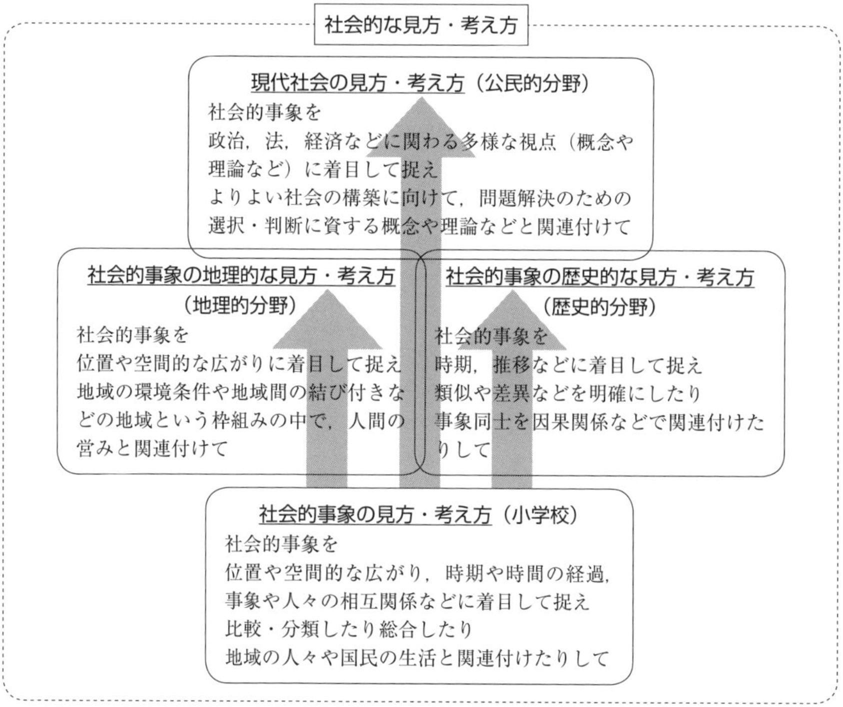

社会的な見方・考え方
現代社会の見方・考え方（公民的分野）
社会的事象を
政治，法，経済などに関わる多様な視点（概念や理論など）に着目して捉え
よりよい社会の構築に向けて，問題解決のための選択・判断に資する概念や理論などと関連付けて
社会的事象の地理的な見方・考え方
（地理的分野）
社会的事象を
位置や空間的な広がりに着目して捉え
地域の環境条件や地域間の結び付きなどの地域という枠組みの中で，人間の営みと関連付けて
社会的事象の歴史的な見方・考え方
（歴史的分野）
社会的事象を
時期，推移などに着目して捉え
類似や差異などを明確にしたり
事象同士を因果関係などで関連付けたりして
社会的事象の見方・考え方（小学校）
社会的事象を
位置や空間的な広がり，時期や時間の経過，事象や人々の相互関係などに着目して捉え
比較・分類したり総合したり
地域の人々や国民の生活と関連付けたりして

『小学校学習指導要領（平成29年告示）解説　社会編』より

3. 小学校社会科の目標の改善

中央教育審議会答申を踏まえて，今回教科の目標も次のように改められた。
(教科の目標)

社会的な見方・考え方を働かせ，課題を追究したり解決したりする活動を通して，グローバル化する国際社会に主体的に生きる平和で民主的な国家及び社会の形成者に必要な公民としての資質・能力の基礎を次のとおり育成することを目指す。

(1) 地域や我が国の国土の地理的環境，現代社会の仕組みや働き，地域や我が国の歴史や伝統と文化を通して社会生活について理解するとともに，様々な資料や調査活動を通して情報を適切に調べまとめる技能を身に付けるようにする。

(2) 社会的事象の特色や相互の関連，意味を多角的に考えたり，社会に見られる課題を把握して，その解決に向けて社会への関わり方を選択・判断したりする力，考えたことや選択・判断したことを適切に表現する力を養う。

(3) 社会的事象について，よりよい社会を考え主体的に問題解決しようとする態度を養うとともに，多角的な思考や理解を通して，地域社会に対する誇りと愛情，地域社会の一員としての自覚，我が国の国土と歴史に対する愛情，我が国の将来を担う国民としての自覚，世界の国々の人々と共に生きていくことの大切さについての自覚などを養う。

第2節　授業づくりの視点から見た社会科教育の役割

1. 社会科の授業づくり

社会生活から題材を得る社会科は，単に教科書に書かれていることを学ぶだけの「教えられる教科」ではない。子どもの求めに応じた社会科の授業づくりを教師自身も模索していくことで，子どもにとっても社会の一員として生きるための学びとなる。例えば，第5学年の単元である「日本の食料生産」を例に社会科授業づくりの意義について考えてみたい。

この単元は農業や水産業が国民の食料を確保する上で重要な役割を果たして

いることを考えることがねらいである。改訂された新学習指導要領では広い視野から捉えた国土の自然の様子を先に扱い，自然環境を生かした産業としてわが国の農業の特色について捉えさせることが大切としている。

しかし，大都市部に住む児童は，広い水田や畑地の農作業を実際に見たことが少なく，国土の多様な自然環境が農業と密接な関連をもっていることを実感的に捉えることが難しい。そのため，地図帳から農産物の絵記号を探し出し白地図に書き出したり，教科書に掲載されている農地や耕作風景の写真などを使ったりして国土の自然について理解できるよう指導の工夫を試みる必要がある。

また，本単元は稲作に従事する農家の工夫と努力を中心教材としながら，野菜や畜産，果実などから一つを選択し，その生産や流通のしくみを捉えさせることが必要であるため，どうしても稲作を軸に学習を展開しがちであるが，実際の都市部に生活する児童にとっては稲作よりも野菜や畜産，果実の方が県内産の事例もあり身近である。そこで，野菜や肉を窓口に児童の興味関心を引き付ける題材（例えばハンバーガーはパン［小麦］や肉，野菜は県内産だけでなく県外や海外からの輸入に頼っているため，日本の食料生産の現状をつかませるには格好の題材である）を探し，その後で稲作を扱うように指導の順番を入れ替える工夫も大事である。社会科教育の意義や役割を考える際にいかに目の前の子どもたちが「自分ごと」として社会事象を捉えるか，について常に真剣に考えることが小学校社会科授業づくりの基底に据えられなければならない。ハンバーガーの食材の生産から輸送・保管，販売に至る過程を調べることで，様々な食料生産が自分たちの食生活を支えていること，食料の中には外国から輸入しているものがあることがわかる。また，食料自給率の低下など農業を取り巻く厳しい現実があること，国内産の食料の消費を増やすためには米食や飼料米を増やす解決策があることなどについて，児童が仲間（ペア・グループ・集団）やゲストとの協同の学びを通して自分や仲間の考えを吟味し合い問い直すのもよい。その中で，自分ごととして日本の農業を引き寄せ，食生活を支える日本の食料生産の在り方を捉えていく。こうした授業づくりを試みている中で社会科教育の意義と役割が次第に教師にとってもはっきりとしてくるはずである。

2. 社会認識力と社会形成力を培う社会科の役割

社会科は学習指導要領の目標の(1)に「社会生活について理解するとともに」

と記されているように社会的な事物や事象についての認識を深める役割を持っている。社会生活とは「社会との関わりの中での人々の生活のことであり，地域の地理的環境や組織的な諸活動の様子などとともに，我が国の国土の地理的環境や産業と国民生活との関連，我が国の歴史的背景などを含んでいる」（『小学校学習指導要領（平成29年告示）解説　社会編』）概念である。したがって地図や統計，歴史資料などを用いつつ，児童の社会認識を深めていく役割を担っている。社会認識を専門に扱う学術分野としては地理学や経済学，政治学，歴史学，社会学など多岐に及ぶが，小学校の社会科学習において必ずしも専門的な学術の成果を分かりやすく扱うものでもないことは明らかである。なぜなら児童は将来，全員が研究者になるのでもなく，経済人や政治家になるのでもないからである。むしろ，将来の職業につながる以前の社会生活を営む上での基礎的な資質形成に役立つものとして社会認識を培う役割を担っていると理解したい。

今を生きる社会の一員として，あるいは日本人としてどうしても知っておく必要がある知識や技能，思考力や判断力を培うことが必要なのである。さらに目標の冒頭には「国際社会に主体的に生きる平和で民主的な国家及び社会の形成者に必要な公民としての資質・能力の基礎を次のとおり育成することを目指す」と記されており，社会形成力を培う社会科の役割が明確化されている。社会形成力とは単に，社会について詳しい知識を持つ能力を指しているのでなく，積極的に社会の一員としてよりよい社会を形成していこうとする資質や能力を指している。社会事象を他人のことでなく自分のこと（自分ごと）として捉え，関心を抱いて社会に存在する問題を見つけてかかわっていこうとする姿がイメージできる。「みんなのために，わたしにできることは」「どうしたら社会はよりよくなるのか」などといった課題意識や解決策の話し合いを通して見出していく過程こそ民主主義を体感することにつながる。社会形成力は民主主義社会をよりよい姿に発展させていく上でも欠かせない能力であり，現代的課題が多岐にわたり変化の激しい社会にあって，児童がたくましく生き抜いていく基礎になる。

もちろん，このような意義深い役割を担っている社会科であるが，国語科や算数科に比べ，配当時間数が少なく（例えば第3学年では国語科245時間，算数科175時間に比べ社会科は70時間），また学校の教師だけで児童の社会生活の理解や社会形成力を十分に育むことは難しい。社会科の教科としての責任は

	育成できる具体的な力	授業で表れる姿
思考力	・社会的事物や事象の意味や関連性を理解する力 ・科学的な言葉や社会的な概念を元に考え説明できる力，教科書に書かれている内容と実社会で見出せる事実を照合し根拠を元に予想できる力 ・筋道を持って考えをまとめる力 ・相手の立場や別の視点から考える力	「疑問をもつ」「予想する」「つけたしする」「根拠をもつ」「共通点と相違点を見つける」「比較し分類する」「順序づけと場所づけ（時間的な順序と空間的な位置）」「因果関係」「帰納的と演繹的」「多面的・多角的」
判断力	・課題を選択したり，決めたりする力 ・社会に横たわる問題を自己の問題意識として判断し把握する力 ・比較したり関係づけたりしながら，よりよい解決策を判断，選択できる力	「選び出す」「適否を割り出す」「ランキング」「価値づけ」「自分なりの意思決定」「多様性を認める寛容な判断」
表現力	・思考したり判断したりした結果を目的に応じて伝える力 ・伝える相手を意識した上で情報を記録・整理し，加工・処理できる力 ・自分なりの方法で意思を伝える力 ・デジタル情報機器を使ってわかりやすく発表できる力	「的確なつぶやき」「発表や対話」「討論」「考えた結果を文章で整理する」「グラフや表で整理する」「地図で表現する」「年表に整理する」「標語をつくる」

大きいが，過大に期待することはかえって社会科の形骸化に結び付くおそれがあろう。社会科を軸にしつつ他教科や道徳・特別活動，総合的な学習の時間などとの関連を強めながら児童に公民としての資質・能力の基礎を養うようにしていくことが大切である。

上の表は，社会科の汎用的な学力として重要な思考力・判断力・表現力の3点から育成できる具体的な力や授業で表れる姿を筆者なりに整理したものである。公民としての資質・能力を育成していく上で参考になれば幸いである。

3. 現代的課題に応える社会科の役割

科学や人々の価値観が日進月歩で変化し続ける時代が到来している。新しい知識の組み換えが容易に果たせる瞬間を同時代の人間として感受している。環境問題や福祉社会の進展，社会の情報化，グローバル経済の進展と地球的な情報の行き来，戦争や飢餓をもたらす不平等，ジェンダーや社会参画の課題など，人間社会の変化は激しい。

いわゆる知識基盤社会に突入した現代にあって，社会科が果たす役割も変わりつつある。社会科学や人文科学の過去の成果をわかりやすく解説する従来の文化伝達の役割ももちろん保持しているものの，同時に変化する知識を積極的に獲得し，自分なりの解釈も加えて，対話や討論によってさらに社会認識や価値観を深めていく教育が求められている。

知識基盤社会に生きる児童にとって基礎的な知識を確実に習得させるとともに，実際の場面や応用的な課題を与えて活用する場面を意図的に教師が用意する指導も必要になってきている。児童を取り巻く社会が必ずしも体験的で分かりやすい内容であるとは限らないため，社会をかみ砕いて教える教師の役割自体も変化しなくてはならない。むしろ，教師も日々変化する知識基盤社会の中に生きる人間として積極的に社会への関心を深め，視野を拡げて指導に当たらなくてはならない。近年，新聞さえも読まない教師が増えているのではないだろうか。インターネットの時代にあり，ネットからの情報入手に偏り，フィールド（地域社会）に出向いて教材を収集したり，多様な年齢層や職種の人と語り合ったりしながら，地域の課題を授業に取り入れようと努力する教師が少なくなっている。

社会科指導を工夫する際，教科書を丁寧に読ませることは大事ではあるものの，そのことだけで社会科のねらいは果たせると判断し，「読む社会科」に陥ったり，工場や博物館見学だけで児童を満足させ，「問い」が深まらないままで単元展開を終了したりする社会科の授業もある。社会科の学習対象は教科書という紙の中に書いてあるものだけでなく，現実の社会にあることを忘れてはならない。

二度目の東京オリンピック・パラリンピックや2025年大阪万博などが予定されている今日，国際社会に生きる日本人として日本の伝統や文化を大切にする態度はより一層重視されなくてはならない。伝統と文化は，国際社会という巨大なコミュニティにあって個性を主張する上で大切な要素であり，例えば国風文化や室町文化，江戸時代の元禄文化，大正モダンなどを積極的に扱い，今日まで建築物や民俗・芸能，言葉，料理（食の作法も含む）などの形で後代の人々の努力によって継承されていること自体に意義があることを扱いたい。奈良の大仏が，何度も破壊や劣化の危機にありながら，世界遺産として引き継がれてきている事実や平安時代に生まれた「ひらがな」が今日でも使われている文字であることに気づかせたい。

課　題

1. 小学校社会科の原点とはどういった経緯で生まれたものか，戦後に誕生した社会科にはどのような期待が込められた教科であったのか，考えたことを書き出しなさい。
2. 授業づくりの観点から捉えた社会科教育の役割や意義はどのようなことを指しているのでしょうか。学習指導要領も参考にしながら説明しなさい。

参考文献

文部科学省『小学校学習指導要領（平成29年告示）解説　社会編』東洋館出版社，2018年

第2章
社会科の目標と内容

第３学年から第６学年まで配置されている小学校の社会科は，各学年に目標と内容が決められており，児童の社会認識と公民的資質の伸長を図るため，多様な学習内容が用意されている。中学校と異なり，分野別で構成されておらず，主題別に学年の発達段階を考慮した構成になっている。本章では，学習指導要領で決められている学年ごとの目標と内容を概説するとともに，公民的資質の基礎を養う社会科の特性を明らかにしていく。

キーワード　同心円的拡大方式　地理的認識　国土学習　歴史学習

第１節　小学校社会科の学習領域

1．同心円的拡大方式への反省

生活科が誕生する以前の社会科は，小学校第1学年から開始され，家庭・近隣・学区・市（町・村），県（都・道・府），国土，外国というように学年進行に応じて，学習する内容が外延的に拡大し，家庭や近隣を円の中心と考えれば，いわば同心円的な学習領域の拡大方式を採用していると称されていた。この背景には，児童は身近な事象の方が理解しやすい，直接体験できない市外や県外，外国のことは想像できないため難しく，できるだけ上の学年で扱うべきである，との意識がカリキュラム構成の底流にあったことも事実である。

しかし，平成29年7月に告示された現行の学習指導要領においては，従来みられたような学年別に仕切りが固い同心円的拡大方式は採用されていない。例えば，第3学年の学習内容にある「身近な地域や市区町村の様子」を扱う場面で単に自市の形だけを扱うのでなく,「都道府県内における市の位置」が挿入されている。スーパーなどの販売の仕事を扱う場面でも「外国を含めた商品の産地や仕入れ先の名称と位置，買い物に来る客の居住地の範囲などについて調べる」(文部科学省『小学校学習指導要領［平成29年告示］解説　社会編』p. 39) と記されている。第4学年の学習内容にある「県内の特色ある地域」を扱う場面で,「国際交流に取り組んでいる地域」において「外国を取り上げる際，わが国や外国には国旗があることを理解し，それを尊重する態度を育てようとする」(『解説』p. 69) とある。日本列島とその周辺の地理的事象だけにとどまっていた従来の扱い方をやめ,「世界の主な大陸と海洋」「主な国々の名称と位置」も重要視されている。

従来から指摘されていたが，同心円的拡大方式が採用されてきた背景には，児童の地理的認識の発達を踏まえたというより，学習構成の上から内容のまとまりが作りやすいといった指導者側の論理が重視されていたことが否めない。例えば，平成10年版の学習指導要領においては，学習領域は階段を学年ごとに積み上げていくように極めて厳密に学習領域が決められ，そのため，社会科では外国を扱うには第6学年の3学期まで待たなくてはならないという事態を招いていた。

児童の地理的認識の発達を調べてみると，幼いころから国内の他地域や外国の情報と接し，興味関心が必ずしも身近な地域に限られているわけではないことが顕著になってきている。児童によっては県外や外国への旅行経験が豊富な場合もあるくらいである。幼い児童は，学区や市の身近な地域のことしか理解できないと速断するのでなく，また身近な地域の事象の方がやさしい内容であるとも限らないことを認識する必要があろう。固い同心円的拡大方式で社会科の内容を構成するあまり，平成10年版の学習指導要領に基づく社会科では，児童の地理的好奇心に対応できず，視野の拡大を阻んでいた結果にもなりかけていた。現行とその前の指導要領においては，著しく改善されたとはいえないものの，広い視野から柔軟に県や国の姿をつかませることができ，学習領域の拡大が学年ごとに仕切られることもなくなった。このことは，児童の地理的認識の発達過程に一定の配慮が施された改訂と評価できる。

2. 地域・国土・歴史学習の配置

同心円的拡大方式が適応されなくなったとはいっても，依然として大筋では同心円的拡大方式に近い内容配置になっている。第3及び4学年の内容をみてみれば,児童の在住する市町村や都道府県の社会事象を扱う内容が主であるからだ。

とりわけ，スーパーマーケットの販売の工夫や自治体が取り組む廃棄物の処理・飲料水の確保，消防署や警察署の働きなどを学習する内容では，児童が直接目にできる地域の事象がほとんどであり，地域学習と呼ばれるゆえんである。ただし，ここでもスーパーで見かける食材の中には県外や外国産のものもあること，ゴミ処理や大規模災害の場合には自治体の枠を越えた協力体制がとられていることなどを扱うように促されており，同心円的拡大方式は厳密には崩れている。さらに，第5学年で本格的に扱う日本の国土の様子や自然災害の防止，農業・水産業，工業などの学習では日本全体を扱うことから，大まかに眺めれば依然として3・4年で市・県，5年で国土，6年で外国とのつながりといった社会科の構成が読み取れる。

第2節　各学年の目標と内容の特色

1. 内容の配列にみる特色

最初に，学年別に学習指導要領の大まかな内容配列を表2-1に整理してみた。

表2-1　大まかな内容の配列

6年	政治の働きと世界の中の日本 日本の歴史のあゆみ（古代～現代にいたる人物と文化財）と世界の中の日本
5年	国土の自然環境 国土の様子と産業（農林水産業，工業，運輸，情報）の発達（公害を含む）
4年	自県の地理的な姿と県内のまちづくり，他地域とのかかわり ゴミ，水道，消防，警察などの仕事の働き，公共の意味，県内の自然災害
3年	市の移りかわり 道具の変化とくらし わたしたちの市のようすといろいろな仕事

内容の配列に見るように3年及び4年においては主に地域社会を題材に地域社会の成り立ちやしくみ，公共の仕事の役割，生活道具の発達，自県の様子などを扱い，5年で我が国の国土の地理的概要，農林水産業と暮らしの関係，工業の発達，環境を守る意義を，6年で日本の歴史のあゆみ，身近な政治の役割，日本と外国のつながりなどを学習するように配置されている。この中で最も特異な構成は，6年の歴史単元の配列である。日本の歴史を時代を追って学ぶため，内容の括りが大きくなり，その結果，時代ごとにア～ケの細目が並んでいる。中学歴史的分野と異なり，外国の歴史は登場しないが，各時代を大まかに把握し，人物と文化遺産（文化財）を軸に歴史のあゆみを学ぶように構成されている。

2. 学年目標にみる特色

内容配列を目標で振り返ってみよう。学習指導要領では，各学年の社会科の目標は次のような文で表されている。

第３学年の目標

社会的事象の見方・考え方を働かせ，学習の問題を追究・解決する活動を通して，次のとおり資質・能力を育成することを目指す。

(1) 身近な地域や市区町村の地理的環境，地域の安全を守るための諸活動や地域の産業と消費生活の様子，地域の様子の移り変わりについて，人々の生活との関連を踏まえて理解するとともに，調査活動，地図帳や各種の具体的資料を通して，必要な情報を調べまとめる技能を身に付けるようにする。

(2) 社会的事象の特色や相互の関連，意味を考える力，社会に見られる課題を把握して，その解決に向けて社会への関わり方を選択・判断する力，考えたことや選択・判断したことを表現する力を養う。

(3) 社会的事象について，主体的に学習の問題を解決しようとする態度や，よりよい社会を考え学習したことを社会生活に生かそうとする態度を養うとともに，思考や理解を通して，地域社会に対する誇りと愛情，地域社会の一員としての自覚を養う。

第４学年の目標

社会的事象の見方・考え方を働かせ，学習の問題を追究・解決する活動を通して，次のとおり資質・能力を育成することを目指す。

(1) 自分たちの都道府県の地理的環境の特色，地域の人々の健康と生活環境を支える働きや自然災害から地域の安全を守るための諸活動，地域の伝統と文化や地域の発展に尽くした先人の働きなどについて，人々の生活との関連を踏まえて理解するとともに，調査活動，地図帳や各種の具体的資料を通して，必要な情報を調べまとめる技能を身に付けるようにする。
⑵ 社会的事象の特色や相互の関連，意味を考える力，社会に見られる課題を把握して，その解決に向けて社会への関わり方を選択・判断する力，考えたことや選択・判断したことを表現する力を養う。
⑶ 社会的事象について，主体的に学習の問題を解決しようとする態度や，よりよい社会を考え学習したことを社会生活に生かそうとする態度を養うとともに，思考や理解を通して，地域社会に対する誇りと愛情，地域社会の一員としての自覚を養う。

第5学年の目標

社会的事象の見方・考え方を働かせ，学習の問題を追究・解決する活動を通して，次のとおり資質・能力を育成することを目指す。
⑴ 我が国の国土の地理的環境の特色や産業の現状，社会の情報化と産業の関わりについて，国民生活との関連を踏まえて理解するとともに，地図帳や地球儀，統計などの各種の基礎的資料を通して，情報を適切に調べまとめる技能を身に付けるようにする。
⑵ 社会的事象の特色や相互の関連，意味を多角的に考える力，社会に見られる課題を把握して，その解決に向けて社会への関わり方を選択・判断する力，考えたことや選択・判断したことを説明したり，それらを基に議論したりする力を養う。
⑶ 社会的事象について，主体的に学習の問題を解決しようとする態度や，よりよい社会を考え学習したことを社会生活に生かそうとする態度を養うとともに，多角的な思考や理解を通して，我が国の国土に対する愛情，我が国の産業の発展を願い我が国の将来を担う国民としての自覚を養う。

第6学年の目標

社会的事象の見方・考え方を働かせ，学習の問題を追究・解決する活動を通して，次のとおり資質・能力を育成することを目指す。
⑴ 我が国の政治の考え方と仕組みや働き，国家及び社会の発展に大きな働きをした先人の業績や優れた文化遺産，我が国と関係の深い国の生活やグローバル化する国際社会における我が国の役割について理解するとともに，地図帳や地球儀，統計や年表などの各種の基礎的資料を通して，情報を適切に調べまとめる技能を身に付けるようにする。
⑵ 社会的事象の特色や相互の関連，意味を多角的に考える力，社会に見られる課題を把握して，その解決に向けて社会への関わり方を選択・判断する力，考えたこと

や選択・判断したことを説明したり，それらを基に議論したりする力を養う。
(3) 社会的事象について，主体的に学習の問題を解決しようとする態度や，よりよい社会を考え学習したことを社会生活に生かそうとする態度を養うとともに，多角的な思考や理解を通して，我が国の歴史や伝統を大切にして国を愛する心情，我が国の将来を担う国民としての自覚や平和を願う日本人として世界の国々の人々と共に生きることの大切さについての自覚を養う。

大きく括れば，各学年とも，目標の前半は理解に関する目標となっている。つまり，教科書教材を中心にしつつ，地域の事象を積極的に取り上げて，各学年の単元のねらいに沿う内容の理解を目指すことが第一に必要とされている。

次に，目標文には，いずれも資料の効果的な活用や考えたことを表現する力が大切であると記されており，能力に関する目標となっている。このように理解目標と能力目標の2種類が明確に区別され，社会科の目標を構成している。

社会科は，ともすれば教科書に答えが書いてあるため，読んで理解するだけの学習に陥ることがある。教科書の記述を見てみると，ある登場人物（学習者を意味する児童名や産業に携わる社会人など）が学習問題に応じて各種資料を調べたり，実際に訪れたりして，次第にねらいに到達するような書き方になっている。つまり，追体験させるような書き方を採用しているのである。そのため，ややもすれば社会事象を他人事として眺めがちになり，その結果，社会の中の一員としての自覚の醸成に問題を生じるようにもなりがちなのである。

社会科が本当に児童にとって実社会に関する主体的な学びに近づける教科として水準をあげていくには，問題解決の学習スタイルを一層磨くとともに，社会科でしか培うことのできない能力目標の達成に尽力する必要があろう。決して理解目標にだけ比重をかけた学習になってはならない。「社会科は覚えたらいいんだね」と短絡的に捉えられては困るのである。理解の水準も浅いところから深いところまである。資料活用の能力も決して単純ではない。

理科が観察や実験を重んじるように社会科も見学や調査をないがしろにしてはならない。体験的な学びこそ，社会科が社会に生きて働く教科として認められるかどうかの核心だからである。

課　題

1. 社会科の学習内容を学年別に整理した上で，学習領域の空間的範囲に気をつけながら，児童の姿を中心にそこから円を外側にいくつか描いて，その中に学習内容を書き込んだ簡単な同心円図を描いてみよう。
2. 社会科の各学年の目標にあらわれた理解と能力に関わる目標に着目し，学年を追ってどのような目標水準の向上が図られているか，800字以内に解説文を書いてみよう。

参考文献

寺本潔著『空間認識力を育てる！　おもしろ「地図」授業スキル60』明治図書，2020年
寺本潔・吉田和義編著『伝え合う力が育つ社会科授業』教育出版，2015年
文部科学省『小学校学習指導要領（平成29年告示）解説　社会』東洋館出版社，2018年

第3章

学習指導要領に基づいた社会科の指導計画

学校教育は，各学校が計画的・意図的に編制した教育計画である教育課程に基づいて営まれる。したがって，各学校ではこの教育課程編制の原理をきちんと把握し，内容を理解することが大切である。実際には国や地方公共団体によって作成された教育課程の基準，あるいは各研究団体が作成した教育課程を参考にするが，とりわけ文部科学省が告示した学習指導要領は教育課程の基準となるものである。

本章では社会科の指導計画を作成する際の原理を理解するとともに，改訂された学習指導要領の目指す児童を育成するために，どのような点に配慮しなければならないかを明らかにしたい。

キーワード　教育課程　指導計画　カリキュラム・マネジメント

第1節　指導計画作成の原理

学習内容をいつ，どこで，何を指導するかについては，一般的には，基本目標の設定→スコープ（学習内容）の決定→シーケンス（学年的系列）の決定という過程をとるものとされる。

社会科の学習の選定に当たってスコープ（学習内容）を定めるには，社会機能と社会的領域から考えることが大切であり，シーケンス（学年的系列）を定めるには，児童の発達課題等を十分考慮することが大切である。

1．改訂の基本方針

社会科の指導計画の作成に当たっては，まず基本目標を定めることが大事なことである。基本目標とは，今回の改訂の基本的なねらいを踏まえるとともに，新学習指導要領の趣旨や目標・内容を分析し，改訂の基本方針を正しく理解することである。

今回の改訂においては，平成28年12月21日に中央教育審議会より「幼稚園，小学校，中学校，高等学校及び特別支援学校の学習指導要領等の改善及び必要な方策等について（答申）」（以下「中央教育審議会答申」という。）が示され，本答申の趣旨に基づいて学習指導要領が改訂された。

今回の改訂は，中央教育審議会答申を踏まえ，次の基本方針に基づき行われた。

以下(1)(2)(3)(4)は『小学校学習指導要領（平成29年告示）解説　社会編』第1章「改訂の基本方針」より

（1）今回の改訂の基本的な考え方

ア　教育基本法，学校教育法などを踏まえ，これまでの我が国の学校教育の実践や蓄積を生かし，子どもたちが未来社会を切り拓(ひら)くための資質・能力を一層確実に育成することを目指す。その際，子どもたちに求められる資質・能力とは何かを社会と共有し，連携する「社会に開かれた教育課程」を重視すること。

イ　知識及び技能の習得と思考力，判断力，表現力等の育成のバランスを重視する平成20年改訂の学習指導要領の枠組みや教育内容を維持した上で，知識の理解の質を更に高め，確かな学力を育成すること。

ウ　先行する特別教科化など道徳教育の充実や体験活動の重視，体育・健康に関する指導の充実により，豊かな心や健やかな体を育成すること。

（2）育成を目指す資質・能力の明確化

今回の改訂では，「生きる力」をより具体化し，教育課程全体を通して目指す資質・能力を

ア　何を理解しているか，何ができるか（生きて働く「知識・技能」の習得）

イ　理解していること・できることをどう使うか（未知の状況にも対応できる「思考力・判断力・表現力等」の育成）

ウ　どのように社会・世界と関わり，よりよい人生を送るか（学びを人生や社会に生かそうとする「学びに向かう力・人間性等」の涵(かん)養）の三つの柱に整理し，社会科の目標及び内容についても，この三つの柱に基づいて再整理された。

(3)「主体的・対話的で深い学び」の実現に向けた授業改善の推進

子供たちが，学習内容を人生や社会の在り方と結び付けて深く理解し，これからの時代に求められる資質・能力を身に付け，生涯にわたって能動的に学び続けることができるようにするためには，これまでの学校教育の蓄積を生かし，学習の質を一層高める授業改善の取組を活性化していくことが必要であり，我が国の優れた教育実践に見られる普遍的な視点である「主体的・対話的で深い学び」の実現に向けた授業改善（アクティブ・ラーニングの視点に立った授業改善）を推進することが求められる。

(4) 各学校におけるカリキュラム・マネジメントの推進

社会科の指導計画作成に当たっては，教科の目標や内容を見通し，特に学習の基盤となる資質・能力（言語能力，情報活用能力・情報モラル，問題発見・解決能力等）や現代的な諸課題に対応して求められる資質・能力の育成のためには，教科等横断的な学習を充実することや「主体的・対話的で深い学び」の実現に向けた授業改善を単元や題材など内容や時間のまとまりを見通して行うことが求められる。

これらの取組の実現のためには，学校全体として，児童生徒や学校，地域の実態を適切に把握し，教育内容や時間の配分，必要な人的・物的体制の確保，教育課程の実施状況に基づく改善などを通して教育活動の質を向上させ，学習の効果の最大化を図るカリキュラム・マネジメントに努めることが求められる。

2. 社会機能と社会領域の原理

第1章第1節「社会科の原点」で述べた通り，社会科学習を通して児童に社会を形成している資質として，生命や財産の保護，物資の生産・流通・消費，交通・運輸・通信・教育などに自分たちの生活を関わらせて正しい理解に導くことが社会科のねらいである。

社会を多面的･多角的に見ていくためには，地理的（空間的），歴史的（時間的），公民的という領域からの視点が必要であり，社会的事象を個別に見るのではなく，人々の実生活や実社会との関わりから，比較したり関連付けたりして総合的に見ていくことが大切である。

今回の改訂では，小学校から中学校までの学習内容を見通し，「地理的環境と人々の生活」「現代社会の仕組みや働きと人々の生活」「歴史と人々の生活」

として系統化を図っている。

3. 学習者の発達課題

学習内容の学年的系列の広がりを定めるには，児童の心身の発達という視点から考える必要がある。社会科の学習内容から考えると①身近なものから遠くのものへ，という原則がある。ここでいう身近とは，ア．距離的に近い，イ．時間的に近い，ウ．心理的に近い，を指すものである。②直接体験から間接体験へ，③具体から抽象へという児童心理の原則に基づき，家庭・学校・近隣社会（低学年＝生活科）→地域社会（中学年）→日本・国際社会（高学年）という同心円状に拡大していくという考え方に基づいている。

しかし今日，交通・情報・通信機器の急速な発達に伴い，社会のグローバル化や地域社会の崩壊といった社会生活の変化により，児童への配慮が大切になってきている。

第2節 指導計画の作成と内容の取扱いについて

1. 指導計画作成上の配慮事項

(1) 地域の実態を生かし，児童が興味・関心をもって取り組めるようにする

学習指導要領で示された内容は日本全国を対象にしているため，具体的な指導計画を作成するためには，各学校の地域の実態を考慮することが大切である。

意欲的で活発な学習を展開するためには，地域にある素材を教材化すること，地域に学習の場を設けること，地域の人材を積極的に活用することなどに配慮した指導計画を作成し，児童が興味・関心をもって楽しく学習に取り組めるようにすることである。

そのためには，まず，教師自身が各学校の置かれている地域の実態把握に努め，地域に対する理解を深めるようにする。そして，地域の素材をどのように受け止め，地域の人々や施設などからどのような協力が得られるかについて明確にする必要がある。それらを基に，地域の素材を教材化し，地域の施設を積極的に活用したり地域の人々と直接関わって学んだりする学習活動を位置づけた指導計画を作成することが大切である。

(2) 観察や見学，聞き取りなどの調査活動を含む体験やそれに基づく表現活動の充実を図る

社会科学習では，創設以来一貫して観察や見学，聞き取りなどの調査活動を大切にしている。今回の改訂でも，さらにその重要性が強調されている。

具体的な体験を伴う学習を指導計画に適切に位置付けて効果的に指導するためには，まず，社会科としてのねらいを明確にすることが必要である。その上で事前・事後や現地における指導の充実を図り，児童が実物や本物を直接見たり触れたりすることが大切である。また，具体的な体験に基づく表現活動については，観察や見学，聞き取りなどによってわかったことや考えたことなどを適切に表現する活動を指導計画に位置付け，調べたことを基にして思考・判断したことを適切に表現する力を育てるようにする必要がある。

(3) 言語活動の充実

社会的事象の特色や意味，社会に見られる課題などについて，多角的に考えたことや選択・判断したことを論理的に説明したり，立場や根拠を明確にして議論したりするなど言語活動に関わる学習を一層重視する。

今回の改訂でこれまで以上に力を入れた観点が言語活動の充実である。社会科の学習では，社会的事象について調べたことをまとめるとともに，その特色や意味を考えることで言語活動はさらに深まる。その際，学年の段階に応じて，生産者と消費者，情報の送り手と受け手など複数の立場から多角的に考えることが大切である。

また，社会科においては，主権者として求められる資質・能力を育成する観点から，社会に見られる課題を把握して，その解決に向けて自分たちの行動や生活の仕方やこれからの発展などよりよい社会の在り方などについて考えることも大切にしたい。その際，考えたり選択・判断したりしたことを根拠や理由を明確にして論理的に説明したり，他者の主張を踏まえて議論したりするなど，言語活動の一層の充実を図るようにすることである。

(4) 学校図書館や公共図書館，コンピュータの活用

社会科の授業では，社会の変化に自ら対応する能力や態度を育成する観点から学び方や調べ方を大切にし，児童の主体的な学習を一層重視することが必要である。

児童一人ひとりが自分の問題意識をもち，解決の見通しをもって必要な情報を収集し，それらを整理・活用して問題解決する学習のプロセスを踏む活動が大切である。

このような学習活動が重要視されている理由は以下の3点に集約される。

① 施設や機器などを活用して，問題の解決に必要な情報を検索し，収集することができる。

② 施設や機器などの活用を通して，情報活用能力を育てることができる。

③ コンピュータなどの情報手段の活用を通して，多様な表現方法を身に付け，調べたことや考えたことを分かりやすく伝える発信能力を育てることができる。

指導計画の作成に当たっては，図書館やコンピュータを利用する必要のある教材や学習過程を工夫して位置付け，これらを十分に活用できる時間を保障すること，いつどの場面でどのように図書館やコンピュータを活用するのか想定しておくことが大切である。

(5) 教科用図書「地図」の活用

今回の改訂で，第3学年から地図帳が供与されることとなった。地図を効果的に活用することにより，位置や空間的な広がりに着目して社会的事象を捉える見方・考え方を養うことができる教材である。地図帳については，日常の指導の中で，折に触れて地図の見方や地図帳の索引の使い方，統計資料の活用の仕方などを指導し，地図帳を自由自在に活用できる知識や技能を身に付けるようにすることが大切である。また，地図帳に親しみをもち，問題解決のための教材として効果的に活用する技能や意欲を育てるようにする。

地図帳は，第3学年から第6学年までの各学年で使用されるものであるが，特に第3学年の使い始めにおいては，地図帳の内容構成を理解できるようにしたい。また，地図帳は，社会科の学習だけでなく，他の教科等の学習や家庭などにおいても活用することが大切である，と指導することも肝要である。

第3節　内容の取扱いと指導上の配慮事項

1．社会的事象については，児童の発達段階に応じて様々な見解を示すように配慮する

社会科が学習の対象にしている社会的事象の捉え方は，それを捉える観点や立場によって異なることから，これらについて一面的な見解を十分な配慮なく取り上げた場合，ともすると恣意的な考えや判断に陥る恐れがある。

とりわけ「多様な見解のある事柄，未確定な事柄」については，一つの意見が絶対に正しく，他の意見は誤りであると断定することは困難な場合がある。小学校社会科では学習問題の解決に向けて，一つの結論を出すこと以上に話し合いの過程が大切であることを踏まえ，取り上げる教材が一方的であったり一面的であったりすることのないよう留意して指導することが必要である。児童が多角的に考え，事実を客観的に捉え公正に判断できるようにすることが大切である。

2．地図や統計などを活用し，都道府県の名称と位置を身に付ける

47都道府県の名称と位置については，今回の改訂で第4学年の内容(1)ア(ア)「自分たちの県の地理的環境の概要を理解すること。また，47都道府県の名称と位置を理解すること」と示された。また，社会科と連動して国語科の改訂も行われ，47都道府県の漢字を4年終了までに習得することとされた。

第3学年では，地域の人々の生産や販売についての学習。第4学年では，47都道府県の学習。第5学年では，国土の様子，農業や水産業，工業の盛んな地域や運輸通信の働き。第6学年の歴史学習においても地図や統計資料などに様々な都道府県の名称がたびたび登場してくる。その都度，学習対象となる都道府県の位置や名称を地図帳で確認し，日本地図に整理して定着を図ることが大切である。

その他に，他教科や領域で学習した話や作品の舞台となっている場所，作者や作曲者の郷土，校外学習での見学地，移動教室などの目的地や行程など日本の都道府県を表す地図を常掲し活用するなど，教室環境を工夫することにも努めたい。

こうした学習を通して，小学校修了までに我が国の47都道府県の名称と位置，漢字表記を確実に身に付け，活用できるようにすることが求められる。

第4節　年間指導計画

1．第3学年の指導計画作成のポイント

(1) 目標

社会的事象の見方・考え方を働かせ，学習の問題を追究・解決する活動を通して，次のとおり資質・能力を育成することを目指す。

(1) 身近な地域や市区町村の地理的環境，地域の安全を守るための諸活動や地域の産業と消費生活の様子，地域の様子の移り変わりについて，人々の生活との関連を踏まえて理解するとともに，調査活動，地図帳や各種の具体的資料を通して，必要な情報を調べまとめる技能を身に付けるようにする。　**〈知識及び技能〉**

(2) 社会的事象の特色や相互の関連，意味を考える力，社会に見られる課題を把握して，その解決に向けて社会への関わり方を選択・判断する力，考えたことや選択・判断したことを表現する力を養う。　**〈思考力，判断力，表現力等〉**

(3) 社会的事象について，主体的に学習の問題を解決しようとする態度や，よりよい社会を考え学習したことを社会生活に生かそうとする態度を養うとともに，思考や理解を通して，地域社会に対する誇りと愛情，地域社会の一員としての自覚を養う。
〈学びに向かう力，人間性等〉

『小学校学習指導要領　社会編』より

(2) 単元配列案（合計時数70時間）

＊第3学年は「自分たちが生活している市区町村」を学習対象として取り上げる。

学習指導要領の内容		小単元名	配当時数
(1)	身近な地域や市区町村の様子	わたしたちの○○市（区町村）のようす	16時
(2)	地域に見られる生産や販売の仕事	○○市（区町村）の農家（工場）の仕事 ＊農家と工場などの中から選択	10時
		わたしたちのくらしとお店の仕事	11時

(3)	地域の安全を守る働き	火事から地いきの安全を守る	9時
		事こから地いきの安全を守る	7時
(4)	市の様子の移り変わり	○○市（区町村）のうつりかわり	17時

(3) 各内容のポイント

(1) 内容(1)「身近な地域や市区町村の様子」では，「自分たちの市」に重点を置いた効果的な指導を行うように計画することが求められている。また,「市役所など主な公共施設の場所と働き」を扱う際は，公共施設の運営や災害時の避難場所の指定を市役所が行っていることに触れることが大切である。

(2) 内容(2)「地域に見られる生産や販売の仕事」では，生産は「身近な地域や市の人々の農作物や工業製品などを生産する仕事」を対象としている。販売は，消費者・販売者双方の立場から調べ，販売の仕事が消費者の多様な願いを踏まえて売り上げを高めようと工夫していることを指導することが求められている。

(3) 内容(3)「地域の安全を守る働き」では，緊急時に対処する体制をとっていることについては「火災」に重点を置き，防止に努めていることについては「事故」に重点を置くなど，取り上げ方に軽重を付け，効果的に指導することが大切である。また，地域社会の一員として自分たちにも協力できることや自分自身の安全を守るために自分たちにできることを考えたり選択・判断したりして，話し合うことなどが大切である。

(4) 内容(4)「市の様子の移り変わり」では，内容(1)「身近な地域や市区町村の様子」にはなかった「人口」「生活の道具」にも着目して交通，公共施設，土地利用などと関連付け，「市や人々の生活の様子」の変化を考えさせ，年表などにまとめる活動が考えられる。その際，内容(1)の学習で作成した地図などの活用も考えられる。また，これからの市の発展，将来について考えたり討論したりすることができるよう指導することが大切である。

(4) 学習指導要領の内容構成及び内容の取扱い

	内容構成			内容の取扱い
	着目すること	考えること	理解すること	
内容(1)	都道府県内における市の位置，市の地形や土地利用，交通の広がり，市役所など主な公共施設の場所と働き，古くから残る建造物の分布など	身近な地域や市の様子を捉え，場所による違いを考える。	身近な地域や自分たちの市の様子を大まかに理解する。	・学年の導入で扱う。 ・「自分たちの市」に重点を置くように配慮する。 ・「白地図などにまとめる」際に，地図帳を参照し，方位や地図記号について扱う。
内容(2)	仕事の種類や産地の分布，仕事の工程など。	生産に携わっている人々の仕事の様子を捉え，地域の人々の生活との関連を考える。	生産の仕事は，地域の人々の生活と密接な関わりを持って行われていることを理解する。	・農家，工場などの中から選択して取り上げる。
	消費者の願い，販売の仕方，他地域や外国との関わりなど	販売に携わっている人々の仕事の様子を捉え，それらの仕事に見られる工夫を考える。	販売の仕事は，消費者の多様な願いを踏まえ売り上げを高めるよう，工夫して行われていることを理解する。	・商店を取り上げ，「他地域や外国との関わり」を扱う際には，地図帳などを使用して都道府県や国の名称と位置などを調べるようにする。 ・またその際には，我が国や外国には国旗があることを理解し，それを尊重する態度を養うよう配慮する。
内容(3)	施設・設備などの配置，緊急時への備えや対応など	関係機関や地域の人々の諸活動を捉え，相互の関連や従事する人々の働きを考える。	消防署や警察署など関係機関は，地域の安全を守るために，相互に連携して緊急時に対処していることや，関係機関が地域の人々と協力して	・火災と事故はいずれも取り上げる。その際，どちらかに重点を置くなど効果的な指導を工夫する。 ・法やきまりについて扱うとともに，地域や自分自身の安全を守るために，自分たちにできることなどを考えたり選択・判断したりできるよう配慮する。

			火災や事故などの防止に努めていることを理解する。	
内容(4)	交通や公共施設，土地利用や人口，生活の道具などの時期による違いなど	市や人々の生活の様子を捉え，それらの変化を考える。	市や人々の生活の様子は，時間の経過に伴い，移り変わってきたことを理解する。	・「年表などにまとめる」際には，昭和，平成など元号を用いた言い表し方などがあることを取り上げる。 ・「公共施設」については，市が公共施設の整備を進めてきたことを取り上げる。その際，租税の役割に触れる。 ・「人口」を取り上げる際には，少子高齢化，国際化などに触れ，これからの市の発展について考えることができるよう配慮する。

2. 第４学年の指導計画作成のポイント

(1) 目標

社会的事象の見方・考え方を働かせ，学習の問題を追究・解決する活動を通して，次のとおり資質・能力を育成することを目指す。

(1) 自分たちの都道府県の地理的環境の特色，地域の人々の健康と生活環境を支える働きや自然災害から地域の安全を守るための諸活動，地域の伝統と文化や地域の発展に尽くした先人の働きなどについて，人々の生活との関連を踏まえて理解するとともに，調査活動，地図帳や各種の具体的資料を通して，必要な情報を調べまとめる技能を身に付けるようにする。 **〈知識及び技能〉**

(2) 社会的事象の特色や相互の関連，意味を考える力，社会に見られる課題を把握して，その解決に向けて社会への関わり方を選択・判断する力，考えたことや選択・判断したことを表現する力を養う。 **〈思考力，判断力，表現力等〉**

(3) 社会的事象について，主体的に学習の問題を解決しようとする態度や，よりよい社会を考え学習したことを社会生活に生かそうとする態度を養うとともに，思考や理解を通して，地域社会に対する誇りと愛情，地域社会の一員としての自覚を養う。 **〈学びに向かう力，人間性等〉**

『小学校学習指導要領　社会編』より

(2) 単元配列案（合計時数90時間）

学習指導要領の内容		小単元名	配当時数
(1)	都道府県の様子	都道府県を調べよう～東京都の様子	8時
(2)	人々の健康や生活環境を支える事業	水はどこから	10時
		ごみの処理と利用	10時
(3)	自然災害から人々を守る活動	（選択）地震からくらしを守る	12時
		（選択）水害からくらしを守る	
(4)	県内の伝統や文化，先人の働き	東京に残る「くらやみ祭」	10時
		（選択）届けよう命の水～玉川兄弟と玉川上水の開発～	10時
		（選択）東京のまちを築いた人～後藤新平～	
		（選択）病とたたかった人々～伊藤玄朴らと種痘所～	
(5)	県内の特色ある地域の様子	染め物のさかんな新宿区	10時
		（選択）豊かな自然を守り生かす小笠原	10時
		（選択）豊かな自然を守り生かす八丈島	
		（選択）江戸の文化を伝える浅草のまち	
		世界とつながる大田区	10時

(3) 教材や指導の工夫

(1) 内容(1)「都道府県の様子」では，県の位置，県全体の地形や産業の分布，交通網や都市の位置などに着目しながら追究し，県の概要を捉え，地理的環境の特色を考え表現できるようにする。また，実際の指導にあたっては，県の地図や地図帳を十分に活用することも大切である。

(2) 内容(2)「人々の健康や生活環境を支える事業」では，「飲料水，電気，ガス」，「ごみ，下水」から，地域の実態や単元構成などを考慮し，各1事例を選択する。また，供給や処理の仕組みが過去から現在に至るまでに計画的に改善され，公衆衛生が向上してきたことを取り上げて，それらの事業の働きを考えたり，追究したことを基に自分たちにできることを考えたり選択・判断したりできるようにすることが大切である。

(3) 内容(3)「自然災害から人々を守る活動」では，過去に発生した地域の自然災害，関係機関の協力などに着目して，過去にどのような自然災害が発生し，どのような被害をもたらしたのか，また，被害を減らすために関係機関や人々はどのように協力しているのかなどの問いを設けて調べたり，人々の生活と関連付けて考えたりしていくことが大切である。

(4) 内容(4)「県内の伝統や文化，先人の働き」では，歴史的背景や時間的な経過をとらえながら，当時の人々の思いや苦労，伝統や文化を継承する人々の思いや努力などを追究していくことが大切である。そして，このような学びを基に，地域の伝統や文化を保護したり継承したりするために自分たちが協力できることを考えたり選択・判断したりして，地域に対する誇りや持続可能な社会を担おうとする態度を育てていくことが大切である。

(5) 内容(5)「県内の特色ある地域の様子」では，伝統的な技術を生かした地場産業が盛んな地域，国際交流に取り組んでいる地域及び地域の資源（伝統的な文化または自然環境）を保護・活用している地域から，各1事例を取り上げる。学校のある地域の実態などを考慮し，適切な事例地を都道府県内から選択することが大切である。

(4) 学習指導要領の内容構成及び内容の取扱い

	内容構成			内容の取扱い
	着目すること	考えること	理解すること	
内容(1)	我が国における自分たちの県の位置，県全体の地形や主な産業の分布，交通網や主な都市の位置など	調べたことを総合して県の地理的環境の特色を考える。	自分たちの県の地理的環境の概要を理解する。 47都道府県の名称と位置を理解する。	・都道府県の名称については，国語科との連携を図り，漢字の表記に慣れるよう配慮する。

内容(2)	(ア)供給の仕組みや経路，県内外の人々の協力など	調べたことを総合して捉え，飲料水，電気，ガスを供給する事業が果たす役割を考える。	飲料水，電気，ガスを供給する事業は，安全で安定的に供給できるよう進められていることや，地域の人々の健康な生活の維持と向上に役立っていることを理解する。	・現在に至るまでに仕組みが計画的に改善され公衆衛生が向上してきたことに触れる。 ・(ア)については，飲料水，電気，ガスの中から選択して取り上げる。(イ)については，ごみ，下水のいずれかを選択して取り上げる。 ・飲料水等の供給や廃棄物の処理をする事業について，自分たちにできることを考えたり選択・判断したりできるよう配慮する。 ・廃棄物を処理する事業において，法やきまりについて取り扱う。
	(イ)処理の仕組みや再利用，県内外の人々の協力など	調べたことを総合して捉え，廃棄物を処理する事業が果たす役割を考える。	廃棄物を処理する事業は，衛生的な処理や資源の有効利用ができるよう進められていることや，生活環境の維持と向上に役立っていることを理解する。	
内容(3)	(ア)過去に発生した地域の自然災害，関係機関の協力など	調べたことを総合して捉え，自然災害から人々を守る活動の働きを考える。	地域の関係機関や人々は，自然災害に対し，様々な協力をして対処してきたことや，今後想定される災害に対して，様々な備えをしていることを理解する。	・地震災害，津波災害，風水害，火山災害，雪害の中から，過去に県内で発生したものを選択して取り上げる。 ・「関係機関」については，県庁や市役所の働きを中心に取り上げ，防災情報の発信，避難体制の確保などの働き，自衛隊など国の機関との関わりを取り上げる。 ・地域で起こり得る災害を想定し，自分たちにできることなどを考えたり選択・判断したりできるように配慮する。

内容(4)	(ア)歴史的背景や現在に至る経過，保存や継承のための取組など	調べたことを総合して捉え，人々の願いや努力を考える。	県内の文化財や年中行事は，地域の人々が受け継いできたことや，それらには地域の発展など人々の様々な願いが込められていることを理解する。	・県内の主な文化財や年中行事が大まかに分かるようにする。当時の世の中の課題や人々の願いなどについては，それらの中から具体的事例を取り上げる。 ・地域の発展に尽くした先人については，開発，教育，医療，文化，産業などの事例から選択して取り上げる。 ・地域の伝統や文化の保存や継承に関わって自分たちにできることなどを考えたり選択・判断したりできるよう配慮する。
	(イ)当時の世の中の課題や人々の願いなど	調べたことを総合して捉え，先人の働きを考える。	地域の発展に尽くした先人は，様々な苦心や努力により当時の生活の向上に貢献したことを理解する。	
内容(5)	(ア)特色ある地域の位置や自然環境，人々の活動や産業の歴史的背景，人々の協力関係など	調べたことを総合して捉え，特色ある地域の位置や自然環境，人々の活動や産業の歴史的背景，人々の協力関係などに着目する。	県内の特色ある地域では，人々が協力し，特色あるまちづくりや観光などの産業の発展に努めていることを理解する。	・伝統的な技術を生かした地場産業の盛んな地域，国際交流に取り組んでいる地域，地域の資源を保護・活用している地域を取り上げる。保護・活用の事例では，自然環境，伝統文化のいずれかを選択して取り上げる。 ・国際交流に取り組んでいる地域を取り上げる際には，我が国や外国には国旗があることを理解し，それらを尊重する態度を養うよう配慮する。

3．第5学年の指導計画作成のポイント

(1) 目標

社会的事象の見方・考え方を働かせ，学習の問題を追究・解決する活動を通して，次のとおり資質・能力を育成することを目指す。

(1) 我が国の国土の地理的環境の特色や産業の現状，社会の情報化と産業の関わりについて，国民生活との関連を踏まえて理解するとともに，地図帳や地球儀，統計などの各種の基礎的資料を通して，情報を適切に調べまとめる技能を身に付けるようにする。

〈知識及び技能〉

(2) 社会的事象の特色や相互の関連，意味を多角的に考える力，社会に見られる課題を把握して，その解決に向けて社会への関わり方を選択・判断する力，考えたことや選択・判断したことを説明したり，それらを基に議論したりする力を養う。

〈思考力，判断力，表現力等〉

(3) 社会的事象について，主体的に学習の問題を解決しようとする態度や，よりよい社会を考え学習したことを社会生活に生かそうとする態度を養うとともに，多角的な思考や理解を通して，我が国の国土に対する愛情，我が国の産業の発展を願い我が国の将来を担う国民としての自覚を養う。 **〈学びに向かう力，人間性等〉**

『小学校学習指導要領　社会編』より

(2) 単元配列案（合計時数100時間）

<table>
<tr><th colspan="2">学習指導要領の内容</th><th colspan="2">小単元名</th><th>配当時数</th></tr>
<tr><td rowspan="4">(1)</td><td rowspan="4">我が国の国土の様子と国民生活</td><td colspan="2">世界の中の国土</td><td>5時</td></tr>
<tr><td colspan="2">国土の地形と気候の概要</td><td>5時</td></tr>
<tr><td rowspan="2">特色ある地域</td><td>選択；低い土地のくらし，高い土地のくらし</td><td>6時</td></tr>
<tr><td>選択；暖かい土地のくらし，寒い土地のくらし</td><td>6時</td></tr>
<tr><td rowspan="3">(2)</td><td rowspan="3">我が国の農業や水産業における食料生産</td><td colspan="2">くらしを支える食料生産</td><td>6時</td></tr>
<tr><td colspan="2">米づくりのさかんな地域</td><td>8時</td></tr>
<tr><td colspan="2">水産業のさかんな地域</td><td>8時</td></tr>
<tr><td rowspan="3">(3)</td><td rowspan="3">我が国の工業生産</td><td colspan="2">日本の工業生産と工業地域の特色</td><td>6時</td></tr>
<tr><td colspan="2">自動車をつくる工業</td><td>8時</td></tr>
<tr><td colspan="2">工業生産を支える貿易や運輸</td><td>6時</td></tr>
</table>

(4)	我が国の産業と情報との関わり	放送などの産業とわたしたちのくらし	8時
		情報と産業の関わり（観光業）（販売業）（運輸業）	8時
(5)	我が国の国土の自然環境と国民生活との関連	自然災害を防ぐ	6時
		わたしたちの生活と森林	7時
		環境を守るわたしたち	7時

(3) 各内容のポイント

(1) 内容(1)「我が国の国土の様子」では，海洋に囲まれた多数の島からなる国土の構成に着目して追究することや地図帳や地球儀などを活用して位置や方位を言い表すことができるよう指導することが大切である。また，領土の範囲を指導する際には，竹島や北方領土，尖閣諸島は一度も他の国の領土になったことがない領土という意味で我が国の固有の領土であることなどに触れて説明することが大切である。

(2) 内容(2)「我が国の食料生産」では，農業法人や海外への輸出，持続可能な漁業を目指した水産資源の保護，6次産業化などの新しい取組を取り上げる。生産性を高める工夫を消費者や生産者の立場に立って多角的に考え，食料生産の発展に向けて自分の考えをまとめることができるように指導することが大切である。

(3) 内容(3)「我が国の工業生産」では，工業製品の変化や優れた技術に着目して追究するとともに，人々の安全，環境，価格，利便性，バリアフリーなどに対する願いが工業生産により実現されていること，優れた技術の向上が我が国の工業をより発展させることなど，工業の発展について自分の考えをまとめることが大切である。

(4) 内容(4)「情報と産業の関わり」では，販売，運輸，観光，医療，福祉などに関わる産業の中から，大量の情報（ビッグデータ）や情報通信技術を活用してサービスを向上させたり，複数の産業が相互に結び付くことで新たなサービスを提供したりして国民生活の利便性を大きく向上させている事例を取り上げる。利便性が向上する一方で適切な情報を見極めることなど情報活用の在り方を多角的に考えて，情報化社会のよさや課題について自分の考えをまとめることができるように指導することが大切である。

(5) 内容(5)「国土の自然環境と国民生活」では，自然災害と自然条件の関連，森林資源が国民生活に果たす役割，公害防止に対する人々の工夫や努力などを基に国土の自然環境と国民生活の関連を考える。国民の一人として，国土の自然環境，国民の健康や生活環境の維持・改善に配慮した行動が求められるなど国民一人一人の協力の必要性に気づくようにするとともに，自分たちに協力できることを考えたり選択・判断したりして国土の環境保全への関心を高めるように配慮することが大切である。

(4) 学習指導要領の内容構成及び内容の取扱い

<table>
<tr><th rowspan="2"></th><th colspan="3">内容構成</th><th rowspan="2">内容の取扱い</th></tr>
<tr><th>着目すること</th><th>考えること</th><th>理解すること</th></tr>
<tr><td rowspan="2">内容(1)</td><td>(ア)世界の大陸と主な海洋，主な国の位置，海洋に囲まれ多数の島からなる国土の構成など</td><td>調べたことを総合して国土の特色を考える。</td><td>我が国の国土の構成と領土の範囲を大まかに理解する。</td><td rowspan="2">・竹島や北方領土，尖閣諸島が我が国固有の領土であることに触れる。
・地図帳や地球儀を用いて方位，緯度や経度などによる位置の表し方について取り扱う。</td></tr>
<tr><td>(イ)地形や気候など</td><td>国土の位置と地形や気候を関連付けて国土の特色を考える。
国土の自然環境と国民生活の関連を考える。</td><td>国土の自然などの様子や自然条件から見て特色ある地域の人々の生活から，人々は自然環境に適応して生活していることを理解する。</td></tr>
<tr><td>内容(2)</td><td>(ア)生産物の種類や分布，生産量の変化，輸入など外国との関わりなど</td><td>情報を総合したり食料生産と国民生活を関連付けたりして国民生活に果たす役割を考える。</td><td>我が国の食料生産は，自然条件を生かして営まれていることや国民の食料を確保する重要な役割を果たしていることを理解する。</td><td>・生産性や品質を高める工夫を消費者や生産者の立場に立って多角的に考え，これからの農業や水産業における食料生産の発展について，自分の考えをまとめることができるように配慮する。</td></tr>
</table>

	(イ)生産の工程，人々の協力関係，技術の向上，輸送，価格や費用など	食料生産の仕事の工夫や努力とその土地の自然条件や需要を関連付けて食料生産に関わる人々の働きを考える。	食料生産に関わる人々は，生産性や品質を高めるよう努力したり輸送方法や販売方法を工夫したりして良質な食料を消費地に届けるなど食料生産を支えていることを理解する。	
内容(3)	(ア)工業の種類，工業の盛んな地域の分布，工業製品の改良など	情報を総合したり工業製品の改良と国民生活の向上を関連付けたりして工業生産が国民生活に果たす役割を考える。	工業製品は国民生活の向上に重要な役割を果たしていることを理解する。	・消費者や生産者の立場などから多角的に考えて，これからの工業の発展について，自分の考えをまとめることができるよう配慮する。
	(イ)製造の工程，工場相互の協力関係，優れた技術など	工業生産の仕事の工夫や努力と消費者の需要や社会の変化を関連付けて工業生産に従事する人々の働きを考える。	工業生産に関わる人々は消費者の需要や社会の変化に対応し，優れた製品を生産するよう様々な工夫や努力をして，工業生産を支えていることを理解する。	
	(ウ)交通網の広がり，外国との関わりなど	工業生産や運輸の働きを関連付けて，貿易や運輸の役割を考える。	貿易や運輸は工業生産を支える重要な役割を果たしていることを理解する。	

内容(4)	(ア)情報を集め発信するまでの工夫や努力など	放送局や新聞社などから発信される情報と自分たちの生活を関連付けて国民生活に果たす役割を考える。	放送，新聞などの産業は，国民生活に大きな影響を及ぼしていることを理解する。	・「産業における情報活用」の事例については，教育，福祉，医療，防災から教育，防災が削除され，新たに販売，運輸，観光が加わった。 ・産業と国民の立場から多角的に考え，産業の発展や国民生活の向上について，自分の考えをまとめることができるように配慮する。
	(イ)情報の種類，情報の活用の仕方など	情報を活用した産業の変化や発展と人々の生活の利便性の向上を関連付けて国民生活に果たす役割を考える。	産業における情報活用の現状を捉え，大量の情報や情報通信技術の活用は様々な産業を発展させ，国民生活を向上させていることを理解する。	
内容(5)	(ア)災害の種類や発生の位置や時期，防災対策など	自然災害と国土の自然条件を関連付けて自然災害が発生する理由や防災・減災の対策や事業の役割を考える。	自然災害から国土を保全し国民生活を守るために，国や県などが様々な対策や事業を進めていることを理解する。	・森林資源の働きや公害の防止，環境保全について自分たちにできることを考えたり選択・判断したりできるよう配慮する。
	(イ)森林資源の分布や働きなど	森林の分布と国土の保全を関連付けて森林資源の果たす役割や保護の大切さを考える。	森林は国土の保全など重要な役割を果たしていることを理解する。	
	(ウ)公害の発生時期や経過，人々の協力や努力など	公害防止の取組と環境改善を人々の健康な生活と関連付けて継続性，協力的な取組の大切さを考える。	公害から国土の環境や国民の健康な生活を守ることの大切さを理解する。	

4. 第6学年の指導計画作成のポイント

(1) 目標

社会的事象の見方・考え方を働かせ，学習の問題を追究・解決する活動を通して，次のとおり資質・能力を育成することを目指す。

(1) 我が国の政治の考え方と仕組みや働き，国家及び社会の発展に大きな働きをした先人の業績や優れた文化遺産，我が国と関係の深い国の生活やグローバル化する国際社会における我が国の役割について理解するとともに，地図帳や地球儀，統計や年表などの各種の基礎的資料を通して，情報を適切に調べまとめる技能を身に付けるようにする。

〈知識及び技能〉

(2) 社会的事象の特色や相互の関連，意味を多角的に考える力，社会に見られる課題を把握して，その解決に向けて社会への関わり方を選択・判断する力，考えたことや選択・判断したことを説明したり，それらを基に議論したりする力を養う。

〈思考力，判断力，表現力等〉

(3) 社会的事象について，主体的に学習の問題を解決しようとする態度や，よりよい社会を考え学習したことを社会生活に生かそうとする態度を養うとともに，多角的な思考や理解を通して，我が国の歴史や伝統を大切にして国を愛する心情，我が国の将来を担う国民としての自覚や平和を願う日本人として世界の国々の人々と共に生きることの大切さについての自覚を養う。 **〈学びに向かう力，人間性等〉**

『小学校学習指導要領　社会編』より

(2) 単元配列案（合計時数105時間）

学習指導要領の内容		小単元名	配当時数
(1)	我が国の政治の働き	わたしたちのくらしと日本国憲法	10時
		わたしたちの願いを実現する政治	8時
(2)	我が国の歴史上の主な事象	縄文のむらから古墳のくにへ	7時
		天皇中心の国づくり	6時
		貴族のくらし	4時
		武士の世の中	6時
		今に伝わる室町文化	5時
		戦国の世から天下統一へ	6時
		江戸幕府と政治の安定	6時

		町人の文化と新しい学問	6時
		明治の国づくりを進めた人々	6時
		世界に歩み出した日本	6時
		長く続いた戦争と人々のくらし	6時
		新しい日本，平和な日本へ	7時
(3)	グローバル化する世界と日本の役割	日本とつながりの深い国々	8時
		世界の未来と日本の役割	8時

(3) 各内容のポイント

(1) 内容(1)「我が国の政治の働き」では，政治の働きへの関心を高めるようにすることを重視して，我が国の政治の働きに関する内容については，これまでの順序を改め，内容の(2)を(1)として示すとともに，内容のア，イの順序も改め，(ア)日本国憲法や立法，行政，司法の三権と国民生活に関する内容，(イ)国や地方公共団体の政治の取組に関する内容として示した。

(2) 内容(2)「我が国の歴史上の主な事象」では，世の中の様子，人物の働きや代表的な文化遺産などに着目して，我が国の歴史上の主な事象を捉え，我が国の歴史の展開を考えるとともに，歴史を学ぶ意味を考え，表現できるようにする。また，遺跡や文化財，地図や年表などの資料で調べ，年表や図表などに適切に整理することが大切である。

(3) 内容(3)「グローバル化する世界と日本の役割」では，国連の一員としてユニセフやユネスコなどの取組に我が国が協力する活動や，ODA（青年海外協力隊）やNGOなどの活動を教材として，我が国が国際社会の中で重要な役割を果たしていることを捉え，これからの我が国の国際交流や国際協力，国際貢献などの在り方について多角的に考え，話し合う学習を工夫して展開することが大切である。

(4) 学習指導要領の内容構成及び内容の取扱い

	内容構成			内容の取扱い
	着目すること	考えること	理解すること	
内容(1)	日本国憲法の基本的な考え方	日本国憲法が国民生活に果たす役割や，国会，内閣，裁判所と国民との関わりを考える。	日本国憲法は国家の理想，天皇の地位，国民としての権利及び義務など国家や国民生活の基本を定めていることや，現在の我が国の民主政治は日本国憲法の基本的な考え方に基づいていることを理解するとともに，立法，行政，司法三権がそれぞれの役割を果たしていることを理解する。	・国会などの議会政治や選挙の意味，国会と内閣と裁判所の三権相互の関連，裁判員制度や租税の役割などについて扱い，国民としての政治への関わり方について多角的に考え，自分の考えをまとめることができるよう配慮する。
	政策の内容や計画から実施までの過程，法令や予算との関わりなど	国民生活における政治の働きを考える。	国や地方公共団体の政治は，国民主権の考え方の下，国民生活の安定と向上を図る大切な働きをしていることを理解する。	
内容(2)	世の中の様子，人物の働きや代表的な文化遺産など	我が国の歴史の展開を考えるとともに，歴史を学ぶ意味を考える。	我が国が歩んできた大まかな歴史を理解するとともに，それらの事象に関連する先人の業績，優れた文化遺産を理解する。 ・世の中の様子がむらからくにへと変化したこと ・天皇を中心とした政治が確立されたこと ・日本風の文化が生まれたこと ・武士による政治が始まったこと ・今日の生活文化につながる室町文化が生まれたこと ・戦国の世が統一されたこと ・武士による政治が安定したこと ・町人の文化が栄え新しい学問がおこったこと	・国宝，重要文化財に指定されているものや，世界遺産に登録されているものなどを取り上げ，我が国の代表的な文化遺産を通して学習できるよう配慮する。 ・例示された42人の人物を取り上げ，人物の働きを通して学習できるよう指導する。 ・年表や絵画など資料の特性に留意した読み取り方についても指導する。 ・歴史学習全体を通して，我が国は長い歴史をもち伝統や文化を育んできたこと，我が国の歴史は政治の中心地や世の中の様

			・我が国が明治維新を機に欧米の文化を取り入れつつ近代化を進めたこと ・我が国の国力が充実し国際的地位が向上したこと ・戦後我が国は民主的な国家として出発し，国民生活が向上し，国際社会の中で重要な役割を果たしてきたこと	子などによって幾つかの時期に分けられることに気付くようにするとともに，現在の自分たちの生活と過去の出来事の関わりを考えたり，過去の出来事を基に現在及び将来の発展を考えたりするなど，歴史を学ぶ意味を考えるようにする。
内容(3)	外国の人々の生活の様子など	国際交流の果たす役割を考える。	我が国と経済や文化などの面でつながりが深い国の人々の生活は多様であることを理解するとともに，スポーツや文化などを通して他国と交流し，異なる文化や習慣を尊重し合うことが大切であることを理解する。	・我が国や諸外国の伝統や文化を尊重しようとする態度を養うよう配慮する。 ・世界の人々と共に生きていくために大切なことや，今後，我が国が国際社会において果たすべき役割などを多角的に考えたり選択・判断したりできるよう配慮する。
	地球規模で発生している課題や世界の国々が抱えている課題，それらの解決に向けた連携・協力など	国際社会において我が国が果たしている役割を考える。	我が国は，平和な世界の実現のために国際連合の一員として重要な役割を果たしたり，諸外国の発展のために援助や協力を行ったりしていることを理解する。	

コラム

日本初の社会科授業

日本初の社会科授業は，昭和22年1月16日。東京芝新橋の桜田小学校，授業者は日下部しげ先生でした。記録から再現してみましょう。

…日下部先生のこの日の晴れ姿は，紺のモンペ，グレーのつぎのあたったジャケツ，顔におしろいをつけたと見えたのは，強制的にぶっかけられたDDTであった。…（中略）…人々は固唾をのんでいた。文部省から重松監修官はもちろん，三人の事務官が来ていた。日下部先生がやったのは「郵便ごっこ」であった。子供を数人ずつのグループに分ける。まず田舎の知人あてに手紙を書く子供。書いた手紙を「田村郵便局」になりすましている子供のところへ届ける。田村町から芝の本局へ，さらに中央郵便局へ。ここから汽車になった子供がシュッシュッ，ポッポと田舎に運ぶ。田舎の郵便局の子供が受けて，宛名の人に配達する。手紙を受けた子供たちが返事を書き，また逆に東京に届ける—。という段取りである。…（中略）…見ていた重松氏が目を潤ませるようにして言った。「これはオモシロイ！これならやれる！」こうして社会科が誕生したのである。…

重松氏の涙は何だったのでしょう。「国家・社会の形成者としての資質を育てる」という教科の本質が歪められた戦中でした。平和と民主への思いが社会科に込められているのだと私は思いました。それにしても，日下部先生の装いを見るにつけ，教育に対する先達の熱い思いを感じてなりません。

東京都小学校社会科研究会編著『小学校社会科25年の歩み』明治図書，1973年より

課　題

1. 年間指導計画はどのような過程で作成され，そのポイントは何か，学習指導要領の記述を参考にしながらまとめなさい。
2. 指導計画作成上の配慮すべき事項について要点をまとめなさい。
3. 各学年にわたる内容の取扱いと指導上の配慮事項について，どのような点があるのか書き出して整理しなさい。

参考文献

石井正広著『小学校新社会科の単元&授業モデル』明治図書，2018年
東京都小学校社会科研究会編『社会科指導計画（第三次）』2020年
文部科学省『小学校学習指導要領（平成29年告示）解説　社会編』東洋館出版社，2018年

第4章

社会科の教材構造図と学習指導案

社会科は，社会生活及び社会事象そのものを学習対象にする教科である。社会科の知識といってもさまざまな質のものがあり，多様なレベルのものがある。社会事象の意味や働き，特色などにあたる知識（概念的な知識）と，用語や語句などの知識は当然レベルが違う。また，社会についての知識（内容知）とコンピュータの使い方等の知識（方法知）とは，知識の意味している内容が違う。本章では，多様なレベルの知識をどう整理するかにかかわって，知識の構造化の必要性を明らかにし，これをもとに単元の「教材構造図」作成の手順や方法を提案する。次に，単元の教材構造図をもとに，学習指導案の作成の手順と方法を示して，具体的な指導案を例示する。

キーワード　知識の階層性　教材構造図　学習者の論理　教師の論理

第1節　社会科における知識の階層性を踏まえた単元構成

1．学習指導要領と知識の階層性の関連

社会科における知識といっても人によって多様な受け止め方がある。それは知識のもつ多様性とともに，階層性という性格によるものである。

今回の改訂にあたり，中央教育審議会答申（平成28年12月）の基本方針として，これからの社会科，地理歴史科，公民科の改善の基本方針及び具体的な改善事項をまとめると次のようになる。

「社会科，地理歴史科，公民科では，社会との関わりを意識して課題を追究したり解決したりする活動を充実し，知識や思考力を基盤として社会の在り方や人間としての生き方について選択・判断する力，自国の動向とグローバルな

動向を横断的・相互的に捉えて現代的な諸課題を歴史的に考察する力，持続可能な社会づくりの観点から地球規模の諸課題や地域課題を解決しようとする態度など，国家及び社会の形成者として必要な資質・能力を育んでいくことが求められる」

「社会科，地理歴史科，公民科における教育目標は，従前の目標の趣旨を勘案して『公民としての資質・能力』を育成することを目指し，その資質・能力の具体的な内容を『知識・技能』，『思考力・判断力・表現力等』，『学びに向かう力・人間性等』の3つの柱で示した。その際，高等学校地理歴史科，公民科では，広い視野に立ち，グローバル化する国際社会に主体的に生きる平和で民主的な国家及び社会の有為な形成者に必要な公民としての資質・能力を，小・中学校社会科ではその基礎をそれぞれ育成することが必要である」と示されていることを重視しなければならない。

また，基礎的な知識を習得する学習と，調べる学習や問題解決的な学習（課題把握→課題追究→課題解決）は相反するものではない。両者を二者択一的に捉えるのではなく，一体的かつ関連付けた授業づくりが大切である。

2. 知識の階層性と学習者の論理，教師の論理との関連

社会科の授業に登場する知識には，多種多様なものがある。地理的な知識，歴史に関する知識，政治，経済，社会生活にかかわる知識など，領域が広いだけではない。知識にはレベルという階層性がある。例えば，「人間の生活や生産活動は自然環境と結びついている」という知識と「沖縄県では気候条件を生かした農業が盛んである」，「糸満市に住むYさんは暖かい冬に花を栽培している」といった知識とでは，明らかにレベルが違う。前者は抽象的な概念的知識であるのに対して，後者は具体的で事実的な知識である。また，両者には違いとともに「抽象と具体」「概念と事実」といった相互の関連性がある。

社会科の授業では，個々の知識を習得・活用しながら知識相互の関連性を図り，具体から抽象へ知識の昇華を実現させていく必要がある。ここに学びの意味があり，授業のもつ価値がある。これが学習者の知識を獲得していく過程である。

［資料1］の「単元構成と指導計画」では，学習者の学びの論理は，下段から上へ，つまり「具体から抽象へ」「事実から概念へ」と学習のプロセスを追っていくことになる。

一方，教師は授業づくりにおいて，単元の目標や内容に照らして教材研究を

［資料1］知識の階層性と学習者の論理，教師の論理との関連
単元構成と指導計画を構造化するための基本的なえ方

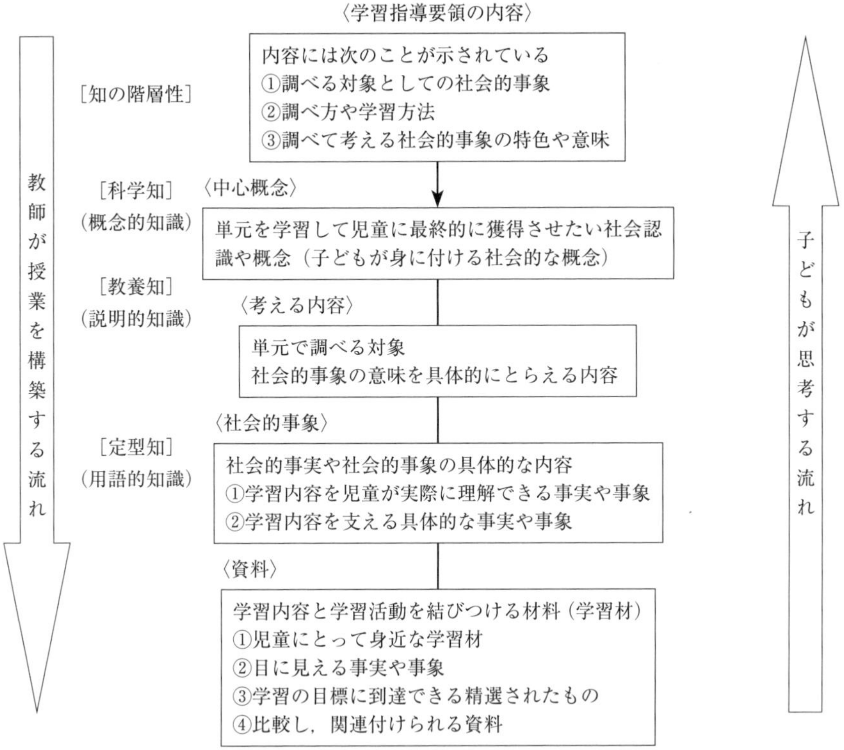

〈学習指導要領の内容〉
内容には次のことが示されている
①調べる対象としての社会的事象
②調べ方や学習方法
③調べて考える社会的事象の特色や意味
［知の階層性］
教師が授業を構築する流れ
子どもが思考する流れ
［科学知］
（概念的知識）
〈中心概念〉
単元を学習して児童に最終的に獲得させたい社会認識や概念（子どもが身に付ける社会的な概念）
［教養知］
（説明的知識）
〈考える内容〉
単元で調べる対象
社会的事象の意味を具体的にとらえる内容
［定型知］
（用語的知識）
〈社会的事象〉
社会的事実や社会的事象の具体的な内容
①学習内容を児童が実際に理解できる事実や事象
②学習内容を支える具体的な事実や事象
〈資料〉
学習内容と学習活動を結びつける材料（学習材）
①児童にとって身近な学習材
②目に見える事実や事象
③学習の目標に到達できる精選されたもの
④比較し，関連付けられる資料

教材研究

学習指導やその前提となる学習指導案を充実したものにするためには，指導や計画に先がけて行われる教師の教材研究が大切である。教師による教材研究の深浅の程度が学習指導の成果に大きく影響する。

人文
社会
自然
……現れている教材の部分
……隠された部分
（教材としての価値）
……探し出す作業
〈教材研究〉

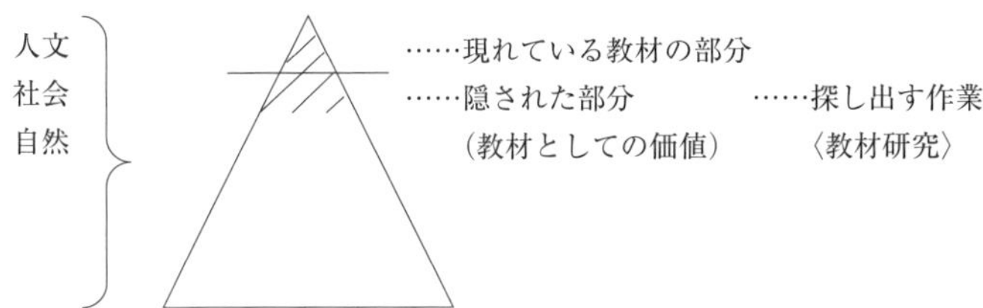

教材解釈

「既に教材の形になっているものを授業を前提に考察・研究すること」

※教科書，副読本，読み物などの形に表されたものを児童に直接提示することができる教材として，児童の実態に合わせて組織化することが大切である。

行う。社会科では，教材や資料の開発と作成はもとより，問題解決的な学習の組立てや学習活動の構成，教師の発問や指示の内容，板書計画，さらに評価計画などさまざまな内容について事前に研究と準備が行われている。他教科も同様であるが，特に社会科の学習においては一時間だけの指導の流れでは不十分である。単元の目標に迫るために，どのようなプロセスで学習者の理解を深めさせるかを考えていくことが大切である。［資料1］の「単元構成と指導計画」では上から下へ，つまり「抽象から具体へ」「概念から事実へ」と単元構成をするのが教師の論理である。

これらを構造的に示したものが前ページの［資料1］である。

3. 教材構造図の作成手順

学習者と教師の論理との関連を踏まえて，単元の知識の構造化を第5学年の食料生産「水産業のさかんな地域」の小単元を例に学習指導要領の内容に即して述べる［資料2］。学習指導要領にはまず，単元で学習する対象が明示してある。次に学習を進めるにあたっての具体的な学習方法が示されてある，そして，この単元でどのようなことを考えて理解させなければならないのかが示されている。

(1) 中心概念

教師として，単元（小単元）の学習を通して，最終的に獲得させたい知識は何かを明確にする。これは抽象的，概念的であり，単元（小単元）の知識・理解に関する目標をまとめたものである。調べて考え，分かった事実をもとに思考することによって導き出される知識である。概念的な知識であり，誰もが納得できる科学的知識であり，社会科では「中心概念」といっている。

(2) 考える内容

中心概念を説明するために必要とする知識を複数設定する。これらは観察や見学，調査，資料などによって見出すことができる知識であり，調べることによって発見できる知識である。また，説明的知識であり，教養的な知識ともいわれる。(3)で説明する社会的事象・具体的知識とも深い関連があり，複合的に表記されることもある。

(3) 社会的事象・具体的知識

(1)や(2)の知識を獲得するために必要となる事実や社会的事象・具体的知識のことである。これらは，学習する上で，調べて考えるために必要な事象・知識であり，学習の中心概念に迫るために必要な事実・知識である。そして，社会において自立的に生きる基盤として実生活において不可欠であり，社会生活を送る上で常に活用できるようになっていることが望ましい知識である。定型的知識ともいわれる。

(4) 用語・語句・資料

社会的事象を具体的に理解する上で必要な具体的事実となる資料である。これらの具体的資料は，各学校の置かれている地域の実態，児童の実態に即していなければならない（開かれた教育課程）。

まさに，教師としての教材研究の感性と技量が問われるところである。児童の興味・関心のある身近な学習材としての資料を効果的に用意し，提示する必要がある。これらは，用語・語句のレベルで示される時と資料名で示される時がある。

(5) 教材構造図の実際

次ページに教材構造図の実際［資料2］を提示するので，(1)～(4)を参照しながら確認するとよい。

［資料2］教材構造図例　第5学年　「水産業のさかんな地域」

学習指導要領の内容

○我が国の水産業は，自然条件を生かして営まれていることや，国民の食料を確保する重要な役割を果たしていることを理解する。
○水産業に携わる人々は，生産性や品質を高めるよう努力したり輸送方法や販売方法を工夫したりして，良質な食料を消費地に届けるなど，食料生産を支えていることを理解する。
○生産物の種類や分布，生産量の変化，外国との関わりなどに着目して，食料生産の概要を捉え，食料生産が国民生活に果たす役割を考え表現する。

↓

中心概念（概念的知識）

水産業はわたしたちの食生活を支える重要な役割を果たしており，それらは，自然環境と深い関わりをもち，水産業に携わる人々の様々な工夫や努力によって営まれている。

↑

考える内容　社会的事象・具体的知識／**用語・語句　資料**

考える内容　社会的事象・具体的知識	用語・語句　資料
青森県は、日本有数の水産業がさかんな県で、ほたての養殖や、ひらめの栽培漁業がさかんである。つくり育てる漁業は、生産量が安定するよう計画的に行われ、様々な工夫がなされている。	・養殖 ・栽培漁業 ・資源管理
焼津漁港は大消費地の中間にあり、新鮮なまま消費地に運ぶことができる。市内にはかつお節などの水産加工団地もある。また、２００海里水域の影響で漁業生産量は減少傾向にあるが、水産物の輸入量は増加した。	・２００海里水域 ・漁業生産量 ・水産物輸入量 ・水産加工団地
静岡県は、かつお漁獲高が日本有数の焼津漁港を有する水産業のさかんな県で、遠洋漁業がさかんである。かつお漁では、かつおの回遊に合わせて移動し、一本釣りや、まき網漁を行う。	・焼津漁港・一本釣り ・遠洋漁業 ・回遊
長崎漁港で水揚げされた魚は、魚市場でせりにかけられ、トラックなどで新鮮なうちに加工工場や日本各地に運ばれる。	・長崎漁港　・せり ・魚市場　・加工工場 ・トラック輸送
長崎県は水揚げ魚種が日本有数の長崎漁港を有する水産業がさかんな県で、沖合漁業がさかんである。沖合漁業では魚群探知機で魚の群れを探し、船団を組んだまき網漁が行われている。	・沖合漁業 ・まき網漁 ・魚群探知機
国土を海で囲まれ、寒流、暖流がそばを流れ良い漁場をもつ我が国は、世界有数の魚介類の消費国であり、魚介類は米と共に我が国の重要な食料である。	・水産業・暖流と寒流 ・プランクトン ・大陸棚

第2節　学習指導案の作成と指導案

学習指導案は定型のものがあるのではなく，各学校や研究団体などで研究のために項目を設定していることが多い。ここでは，一般的な指導案の例を示す。ただし，最近では学習内容が示されず，学習活動だけが示される指導案が散見される。何を学習しているのか分からず「活動あって学びなし」を感じる指導案もある。基本的事項をしっかりおさえて作成するように留意したい。

1．社会科の学習指導案

(1) 単元名

単元名は，大単元名で示す場合と小単元名で示す場合があり，社会科では，高学年のように1単元に数十時間を要するものは，小単元名で示すことが多い。

(2) 単元目標

①認知目標　　　　　　知識・技能
②資質・能力目標　　　思考力・判断力・表現力等
③情意目標　　　　　　主体的に学びに向かう力

表記のしかた

①指導目標　「…を理解できるようにする」「…ができるようにする」
②学習目標・活動目標「…を理解する」「…ができる」
今回の学習指導要領の改訂において，学びの主体が児童にあることを踏まえて，努力目標や達成目標から到達目標を明確にすることが必要であるという観点から②で示すことが大切である。
③情意目標「…について意欲的に追究できる」
「主体的に学びに取り組む態度」と表記することが多い。

(3) 単元設定の理由

授業者の単元を取り上げた理由を項目を立てて述べる

①教育的価値，学習者の興味・関心，必要性
②教材観（本質観，系統観）
③学習者の実態（児童観）

④指導者の教え（指導観）

(4) 単元の評価規準

①知識・技能　②思考・判断表現　③学びに向かう力・人間性の3観点から子どもがどのような状況にあったらおおむね満足できるかという規範とするものを具体的な姿で書く。

(5) 単元の教材構造図

学習指導要領の目標・内容，内容の取扱いを受けて，単元全体の教材構造図を作成し，内容に落ちがないことを確認するとともに，学習する順序・配列を明らかにする（第3章を参照）。

(6) 指導計画と本時の位置

指導計画は，単元目標の達成のため，単元の内容をどのような順序によって学習させていくかその骨格を示すものである。また児童の能力や実態などから，どの程度の時間を必要とするか予測して記入する。

2. 本時の計画の立案

(1) 本時のねらい（目標）

1単位時間の目標であるので，全体指導計画を参考にして，核となる目標を1つか2つに絞るようにし，その時間に到達できる目標として設定する。「～することができる」というような行動目標で示すことが多い。

(2) 本時の展開

一般的に一覧表形式で示すことが多い。学校や授業者として，教科内容に応じて検討し，ふさわしいと考える書式を工夫して作成する。

以下，いくつかの類型示す。一般的にはAの型が多い。

A

学習活動・内容	指導上の留意点	備　考

B

過程	学習内容	学習活動	指導上の留意点	資料

C

分節のねらい	学習活動の内容	資料	指導上の留意点

D

学習活動と学習内容	教師のはたらきかけ	児童の反応	指導上の留意点

E

過程	学習活動	指導上の留意点	資料	評価方法と観点

(3) 学習内容と学習活動

学習内容は本時のねらいから効果的なものを選び，整理して学習する順序を決める。そのためには内容相互の関連を図りながら構造的な内容配列になるように工夫する。

学習活動は，学習内容を児童が習得するために適切な活動を考えることが大切である。

さらに教材にもよるが，一般に単位時間の学習活動は3段階程度の学習過程とするのが適当である。

(4) 指導上の留意点

上記の学習活動に対応して，その活動やそこで取り上げる内容について指導上特に留意すべき点を記しておく。

具体的には

・何に重点を置いて指導するか

・予想される児童のつまずき

・誤り易いと思われる点
・資料や教具の提示の仕方やおさえ方
・内容の深化のさせ方の程度
・前後の学習との関係
・学習活動のポイント
・発問や板書事項も余裕のある時には記すが，別紙に計画するのが一般的である。
・備考欄
学習活動に対応させ活用したい資料や教具，他教科との関連について具体的に記す。この欄を特別に設けないで「指導上の留意点」に含めて記すこともある。

(5) 評価の観点

学習指導案の最後の「評価」のところは，学習の成果について評価する観点を示しておく。本時のねらいに照らして，授業を通してそのねらいが達成できたかどうかを確認するため，1つか2つほど示しておくのが適当である。

(6) 板書計画

本時の学習の経過や振り返り，まとめが一目で分かるように示す。黒板をおよそ3分の1に分け, 左側をつかむ段階, 中央を調べて考える段階, 右側を分かったこと・まとめとする段階が分かるように示されていることが望ましい形である。

(7) 資料

子どもに提示する資料や配付する資料。学習活動で使う学習シートは指導案とともに一緒に添付するようにしたい。

ただし，社会科の授業は年間を通してノートを基本とするものである。研究授業の際，取り立ててワークシートを使う教師も多いが，基本を大切にするならば，ノート例を示してもよい。

以下，第3節に実際の指導案を提示するので，参考にしながら(1)～(7)の基本事項を確認するとよい。

第3節　実際の指導案（参考例）

第4学年　社会科学習指導案

指導年月日（曜）　　○校時
所属小学校名
学年・組　指導者　○○○○

1　大単元名　　住みよいくらしをささえる
　小単元名　　くらしをささえる水

2　小単元の目標

○私たちの生活に必要な飲料水を供給する事業について，供給の仕組みや経路，県内外の人々の協力などに着目し，見学・調査したり地図などの資料で調べたりして，それらの事業が果たす役割を考え表現することを通して，飲料水を供給する事業は，安全で安定的に供給できるようにすすめられていることや地域の人々の健康な生活の維持と向上を支えていることを理解できるようにする。

3　評価規準

社会的事象についての知識・技能	○自分たちの健康な生活を飲料水が支えていること，飲料水確保のための他地域の協力，水道局の仕事の工夫や努力を理解している。 ○飲料水が届くまでの仕組みや人々の働きについて，学習計画にそって資料や観察取材から調べ，読み取っている。
社会的事象についての思考力・判断力・表現力等	○飲料水の確保の事業，自分たちの健康な生活の維持向上のために果たす役割や意味について考え，判断したことを適切に表現している。 ○飲料水確保の事業について，思考・判断したことを言語などで適切に表現している。
社会的事象について，主体的に学習に取り組む態度	○飲料水を供給する事業に関心をもち，安全で安定的に供給できる仕組みについて，主体的に学習の問題を追究し，解決しようとしている。 ○飲料水の確保されている仕組みや，水道局の仕事に関心をもち，意欲的に追究することを通して，自分に協力できることを主体的に行おうとしている。

4　単元設定の理由（指導にあたって）

（1）児童の実態

本学級の児童は，男子23名，女子15名　計38名で持ち上がり学級である。

自分の考えや思いについて自信をもって発表できる児童がいる一方，発表があまりできない児童もいて，二極化している傾向がみられる。ただ，発表しない児童が考えていないわけではなく，考えや思いをもっている児童も多くいる。

3年生では，単元ごとに学習問題を設定し，問題を解決するために調べ学習を行ってきた。「スーパーマーケットで働く人たちの工夫や努力」「小松菜を作る農家の仕事や育て方の工夫」など地域や社会の願いにこたえるために，人々がどのような工夫や努力をしているのかの視点をもって新聞やポスターにまとめる活動を行ってきた。本単元のゴールも「水を得るために，人々がどのような工夫や努力をしているのか」の視点があるため，4学年になった今回の学習では，これまで社会科で身に付けてきた知識や技能を活かして考えることができると考える。

また，本単元の「水がどこから来ているのか」については，5月に水道キャラバンの出前授業の際，一通り学習し，興味をもって聞いていた。しかし，たくさんの人たちの工夫や努力によって水を得ているということについての意識はまだ十分とはいえない。

(2) 小単元について

住みよい環境の中で私たちが健康な生活を営むためには，飲料水の確保が不可欠である。ふだん何気なく使っている水道水だが，そこにはたくさんの人々の工夫や努力があることをつかませたい。

導入では，まず学校・家庭・地域のどのようなところで水が使われているかを問い，様々な場面で水が使われているということを再確認する。そしていかに多くの水が使われているのかを実感させる。そして「この大量な水はどこから来ているのか，きれいな水を得るためにどのような工夫や努力があるのか」という疑問を子ども自身が見つけられるようにしていく。

(3) 指導について

本単元では，いつも当たり前のように使っている水がたくさんの人々の働きによって確保されており，限りのある資源であることを確認し，「水を大切に使おう」という態度を養い，自分たちにできるよりよい水の使い方を考えられるようにしたい。

そのために授業のまとめでは発信の形式はあえて最初には決めずに，児童に考えさせる。ポスターを描いたり，パンフレットや新聞にまとめたり，水を支える人たちへの感謝の手紙を書いたりなどいろいろな形式が考えられる。水資源を大切にしようとする思いを多様な形式で表現することを期待したい。

また，水を大切にしようとする態度を養うためには，様々な施設での多様な工夫のおかげであることを知る必要がある。そのためには調べ学習が必要であるが，学習を充実させるためにワークシートを工夫する。毎回同じ形式で学習していく中で，子供が主体的に調べ，考えることを期待する。

5 単元の教材構造図（学習構造図）

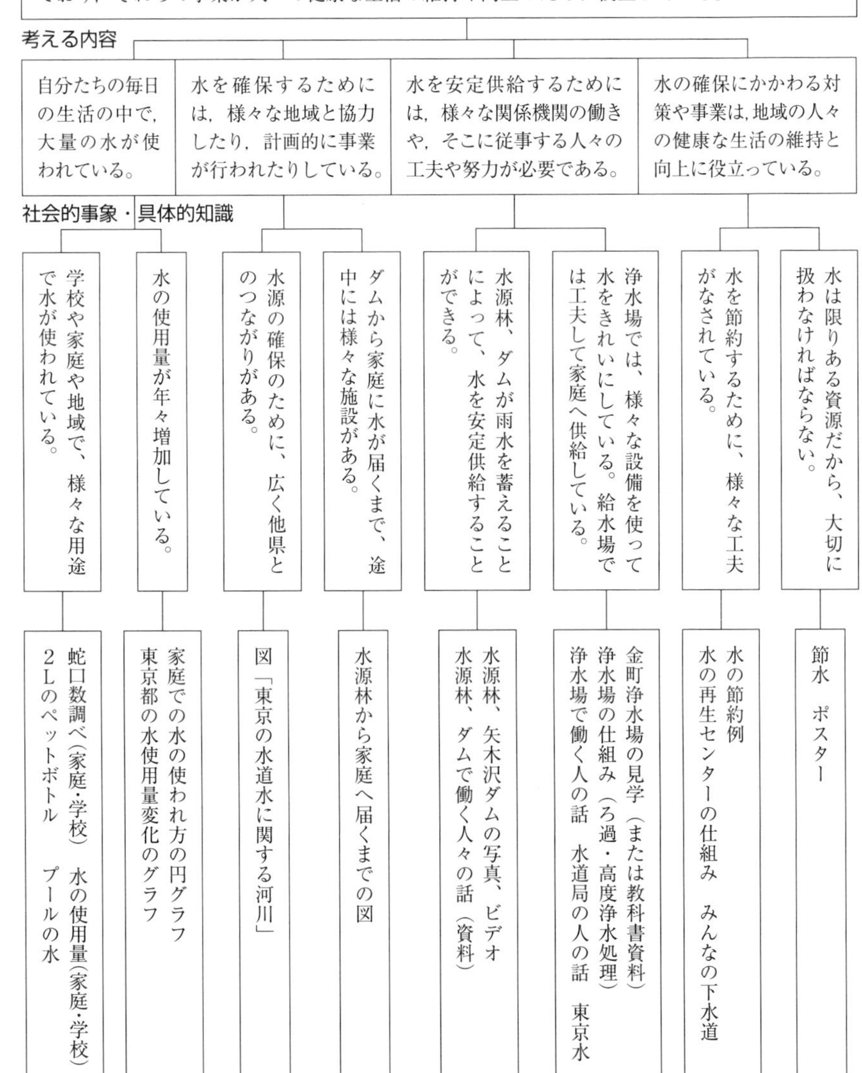

中心概念
毎日の暮らしに必要な飲料水を確保するための様々な事業は，計画的・協力的に進められており，それらの事業が人々の健康な生活の維持や向上のために役立っている。
考える内容
自分たちの毎日の生活の中で，大量の水が使われている。
水を確保するためには，様々な地域と協力したり，計画的に事業が行われたりしている。
水を安定供給するためには，様々な関係機関の働きや，そこに従事する人々の工夫や努力が必要である。
水の確保にかかわる対策や事業は，地域の人々の健康な生活の維持と向上に役立っている。
社会的事象・具体的知識
学校や家庭や地域で、様々な用途で水が使われている。
水の使用量が年々増加している。
水源の確保のために、広く他県とのつながりがある。
ダムから家庭に水が届くまで、途中には様々な施設がある。
水源林、ダムが雨水を蓄えることによって、水を安定供給することができる。
浄水場では、様々な設備を使って水をきれいにしている。給水場では工夫して家庭へ供給している。
水を節約するために、様々な工夫がなされている。
水は限りある資源だから、大切に扱わなければならない。
蛇口数調べ（家庭・学校） 水の使用量（家庭・学校）
2Lのペットボトル プールの水
家庭での水の使われ方の円グラフ
東京都の水使用量変化のグラフ
図「東京の水道水に関する河川」
水源林から家庭へ届くまでの図
水源林、矢木沢ダムの写真，ビデオ
水源林、ダムで働く人々の話（資料）
金町浄水場の見学（または教科書資料）
浄水場の仕組み（ろ過・高度浄水処理）
浄水場で働く人の話 水道局の人の話 東京水
水の節約例
水の再生センターの仕組み みんなの下水道
節水 ポスター

6　小単元の指導計画（総時数８時間）

時	ねらい	○学習活動・内容	◎使う資料　◇留意点 ◆評価
①つかむ・本時	水をいつどのように使っているのかを話し合い，安心して水を飲めるのは，多くの場所での様々な工夫の上に成り立っていることをつかみ，学習問題を作る。	○身の回りで，水が使われているものを話し合う。 ・学校…トイレ，水道，プールなど ・家庭…お風呂，トイレ，洗濯など ○各場面で使う水の量を予想し，大量に水を使っていることをつかむ。 ○どんな場所で，どんな工夫をしているのかを予想する。 ・水をきれいにしてくれる場所がある。 ・水を溜めておく場所がある。 わたしたちが使っている水は，どんな工夫や努力があって，どこからとどいているのでしょう。	◎「東京都水道局資料」 ◇トイレで使う水の量は実際の量をペットボトルで用意し，実感をもたせる。 ◆安心して水を飲めるための工夫について関心をもって予想している。 【主体的に…】
②調べる	江戸川区に送られてきた水がどこから来ているか，どのような経路をたどってくるかを理解し，他地域の協力があることを考える。	○水源林やダムの働きを調べる。 ・江戸川区の水は，群馬県の山から発した利根川の水。 ・東京都に水を送るためにたくさんのダムが造られている。 ・水を送るために回りの県の人々が協力してくれている。	◎江戸川の上流にあるダムの絵 ◆自分達の使う水が，各種の施設を経由して送られてくることをとらえる。 【思考・判断・表現】
③④調べる	資料を読み取り，水源林やダムの働き，働く人の努力について知る。	○水源林やダムを管理する人々の仕事の工夫や努力を調べる。 ・山の森（水源林）が雨水をたくわえてくれる。 ・水道局の人が水源林を手入れしている。 ・ダムは大切な働きをしている。	◎水源林，ダムの写真 ◎水源林の仕組みの絵 ◎間伐の写真 ◇調べたことを整理しながらまとめることができるようワークシートを用意する。 ◆森林，ダムの働きやそれらに関わる仕事をしている人々の工夫や努力について調べる。 【知識・技能】

⑤調べる	浄水場の仕組みや，安全で安心なよりよい飲料水を届けるための工夫や努力について，見学や働く人への取材を通して具体的に理解する。	○金町浄水場の仕組みや働く人の工夫や努力について調べる。 ・消毒方法や，ろか池や沈殿(ちんでん)池で工夫を重ねている。 ・高度浄水処理方式など新しい方法を使っている。 ・さらにおいしい水をつくるために研究を続けている。	◎金町浄水場の写真 ◇調べたことを整理しながらまとめることができるようワークシートを用意する。 ◆浄水場について調べ，その仕組みや働きをとらえるとともに，そこで働く人々の努力に気づいている。 【知識・技能】
⑥調べる	飲料水が浄水場からどのように蛇口まで届けられているのか，見学や働く人への取材を通して調べ，具体的に理解する。	○浄水場から蛇口まで水が届けられる仕組みや働く人々の工夫や努力について調べる。 ・給水所では，水を使う量が少ない夜に給水所の地下にある配水池に水をたくわえ，多く水を使う朝や夕方に十分に出せるようにしている。 ・水道局では，節水を呼びかける取り組みをしている。 ・点検をしたり，修理をしたりしている。 ・雨水の再利用を考えた学校や，節水コマを使った蛇口がある。	◎給水所，節水コマの写真 ◎雨水の再利用を考えた学校の絵 ◇調べたことを整理しながらまとめることができるようワークシートを用意する。 ◆給水場や水道局について調べ，その仕組みや働きをとらえるとともに，そこで働く人々の努力に気づいている。 【思考・判断・表現】
⑦⑧まとめる	節水のためにできることを考え，進んで協力する態度をもつ。	○自分達が協力できることを考える。 ・節水を呼びかけるポスターを作る。 ・水道局の人への手紙を書く　など。	◇水資源を大切にしようとする思いが多様な形式で表現されるようにする。 ◆自分達ができることを考え，それを発信している。 【思考・判断・表現】 【主体的に…】

7　本時の指導（1／8時間目）

(1)　ねらい

○水をいつどのように使っているかを調べ，自分たちの暮らしと水の関りについて関心をもち，その水がどこからきているのか，そのためにどのような人たちが工夫や努力をしているのか学習問題をつくる。

(2)　展開

主な学習活動・予想される児童の反応	◎資料　◇指導上の留意点　◆評価・方法
1　普段どんな時に水を使っているか話し合う。 ・家庭…歯磨き，トイレ，洗顔，お風呂 ・学校…トイレ，手洗い，うがい ・その他…公園のトイレ，水飲み場	◇ワークシートに記入したのち，ペアで話し合い，全体で発表させる。 ◇どこにいても水が使えるということに気付かせる。
2　1回のトイレやお風呂にどのくらいの水を使うのか予想させ，大量に水を使っていることをつかむ。 ・トイレに1回行くだけでこんなに水を使う。 ※ここで人が一日に使っている水の量を提示する。	◇予想させて色を塗り，ふだんこんなにたくさんの水を使っていることを気付かせる。 ◎「東京都水道局資料」 ◇トイレで使う水の量は実際の量をペットボトルで用意し，より大きな実感をもたせる。お風呂の水もペットボトルに換算するとどのくらいか提示し，実感をもたせる。
3　どうしてこんなにたくさんの水を使えるのか考える。 ・たくさんの人がかかわっている。 ・浄水場で水をきれいにしている。 ・ダムに水をためているから。	◇水をえるために，たくさんの人やものが関っていることに気付かせる。
4　学習問題を作る。	ここで水道をひねると水が出るということがなぜかという問いに対し「私たちが使っている水は…」という書き出しをリード文として，この先について考えていこうと投げかけていく。 児童が「もっともっと調べないとわからないことがたくさんある」という気持ちにつなげていく。
わたしたちが使っている水は，どんな工夫や努力があって，どこから届いているのでしょう。	
5　次時の予告をする。	

	◆水の使われ方や水を支える人たちの工夫に関心をもっている。【主体的に学びに取り組む態度】 （ワークシート，発表）

(3) 評価

○水をいつどのように使っているかを調べ，自分たちの暮らしと水の関りについて関心をもつことができたか。

○自分たちが使っている水がどこからきているのか，そのためにどのような人たちが工夫や努力をしているのか学習問題を作ることができたか。

(4) 板書計画

身の回りで使っている水	普段使っている水の量	どうして水が使えるのか
家庭 ・歯磨き　・手洗い ・トイレ　・お風呂 ・料理 学校 ・手洗いうがい　・トイレ ・水やり　・飲み水 地域 ・公園　・消防 ・プール　・トイレ	風呂 200L トイレ 1回4L　一日で32L	・たくさんの人が関っている。 ・浄水場で水をきれいにしているから。 ・ダムに水をためているから。 わたしたちが使っている水は，どんな工夫や努力があって，どこから届いているでしょう。

コラム

社会科指導と学級経営

社会科の授業は問題解決的な学習を中心として展開するため，子供が安心して調べ・考え・表現できる学級でないと授業自体が成り立ちません。学級の中に友だちの考えを認め合う温かい雰囲気，粘り強く追究していこうとする姿勢，言葉や文字で自分の考えなどを表現する力が身に付いていないと，いくらすばらしい教材や資料を準備しても良い授業にはなりません。すべての教科指導にも通じますが，良い授業が成立する学級のポイントは以下のとおりです。

(当たり前のことが当たり前のこととして当たり前にできる学級)

①いすを引き，しっかりと座れる学級
②社会科に必要な教科書・資料集・地図帳・辞書・年表など準備できる学級
③「はい」→立つ→「です」→座る　などの発言ルールができている学級
④友達や教師の話を聞く姿勢ができている学級
⑤教師が本時の「めあて」を明確に示している学級
⑥教師も子供も問題解決的な学習の流れが分かっている学級
⑦子供が自分の考えを言葉や文字で表現できる学級
⑧学習の経過が見える掲示や資料が展示されている学級
⑨板書やノートが問題解決的に書かれている学級
⑩子供が地域や社会で起こる出来事に興味・関心をもっている学級

また，**教師の話し方も重要なポイント**です。自己評価してみましょう。

①簡潔　②平易　③適切な速さ（キレ）　④豊かな表現力
⑤ユーモア　⑥ゆとり　⑦間

「むずかしいことをやさしく，やさしいことをふかく，ふかいことをおもしろく，おもしろいことをまじめに，まじめなことをゆかいに，そしてゆかいなことはあくまでゆかいに」　井上ひさし

課　題

1. この指導案を参考にして，学年・指導単元・本時を決め，教師の立場に立って，実際に指導案を作成しなさい。
2. 社会科の学習指導案作成にあたり，単元の指導計画と本時の指導案のポイントとなるべき事項についてまとめなさい。
3. 社会科における知識の階層性について，教師の論理と児童の論理の違いについて考察しなさい。

参考文献

石橋昌雄著『社会科の授業実践50のポイント』教育出版，2013年
江戸川区立篠崎第三小学校『平成30年度　校内研究集録』2019年
北俊夫著『"知識の構造図"を生かす問題解決的な授業づくり』明治図書，2015年
『教科指導法シリーズ　小学校指導法　社会』玉川大学出版部，2011年
文部科学省『小学校学習指導要領（平成29年告示）解説　社会編』東洋館出版社，2018年

第5章

評価の基本的な考え方と社会科の評価観点

学習評価は，学校における教育活動に関し，児童の学習状況を評価するものである。教師には，児童にどのような力が身に付いたかという学習状況を的確に捉えるとともに，教師自身の指導の改善を図ることが求められる。また，児童が自らの学びを振り返って次の学びに向かうことができるようにするためにも，学習評価の在り方が極めて重要となる。ここでは，国立教育政策研究所が提示した『「指導と評価の一体化」のための学習評価に関する参考資料』以下「学習評価に関する参考資料」を参考・引用・加筆しながら解説する。

キーワード　指導と評価の一体化　観点別評価規準　授業改善

第1節　学習評価の基本的な考え方

1．学習評価の目的

一般的に学習評価の目的は次のように捉えることができる。

① 学習評価は，学校における教育活動に関し，子供たちの学習状況を評価するものである。

② 各教科については，学習状況を分析的にとらえ，児童の学習の状況を観点別学習状況の評価と総括的にとらえる評価そして学習指導要領に定める目標に準拠した評価として実施するものである。

③ 学習評価を行うに当たっては，児童一人一人に学習指導要領の内容が確実に定着するように学習指導の改善につなげていくものである。

そのために，指導者として評価を行う際には次のことを意識して行うことが大切となる。

○取り上げる学習の目標をよく分析し，そのことを十分把握したうえで子どもの指導にあたる。

教師は目標の実現に向けて指導を行うことから，しっかりと目標を把握し学習後の児童の姿をイメージしておくことがポイントとなる。また，評価する上では，児童の日常の学習活動を常に見取り，積み上げが大切なる，子どもがどのように変容していったかをつかむことが必要である。そのために記録の積み重ねが求められる。

○単元を見通した学習評価を考える。

社会科の学習では，小単元における学習問題を設定して，児童が学習計画に基づいて資料などで調べ，社会的事象の特色や意味を考えたり，社会との関り方を選択・判断したりして，学習問題についての自分の考えをまとめ，学習して得られたことを社会生活に活かそうとする態度を養うことをねらいとしている。そのために，単元を見通した目標と目標に準拠した評価規準を設定する。

○学習状況を把握し，指導に活かす評価。

評価場面では，単に児童の様子を記録を残すだけではなく，児童の学習状況から児童の得手不得手などを読み取り，個々の具体的な指導の手立てに活かすようにする。

2. 指導者としての学習評価の技術を高めるために

(1) 授業記録を取るようにする

教師自身の発問とそれに対する児童の反応，資料の読み取りの状況を記録する。子どもの反応を聞き取り，読み取り，そして解釈する姿勢をもつことが大切となる。その際，観点別評価規準を定め，学習指導の「この場面で」ということを意識して評価を行うことが重要となる。

(2) 適切な「問い」を用意する

評価規準を定めた後は，具体的な児童の反応を見ていくことが大切となる。また，教師はあらかじめ，子どもの反応を予測しておくことが大切となる。そのためには，教師が想定した表現が子どもから出されるような「問い」を用意することも必要なこととなる。

教師がゴールイメージとして持っている子供の姿に近づくように指導することが大切であり，そのことを導き出すような問いを教師として持つことが重要となる。そして，その問いに対する児童の反応をしっかりと見取ることによって児童の学習状況を把握して指導に活かすことにつながるのである。

3. 観点別学習状況の評価と評価規準

文部科学省の「学習評価に関する参考資料」によると「観点別学習状況の評価」とは，「学校における児童生徒の学習状況を，複数の観点から，それぞれの観点ごとに分析する評価のことである。児童生徒が各教科等での学習において，どの観点で望ましい学習状況が認められ，どの観点に課題が認められるかを明らかにすることにより，具体的な学習や指導の改善に生かすことを可能とするものである。目標に準拠した観点別学習状況の評価を行うに当たっては，観点ごとに評価規準を定める必要がある。評価規準とは，観点別学習状況の評価を的確に行うため，学習指導要領に示す目標の実現の状況を判断するよりどころを表現したものである」とある。

学習評価の流れを求めると，図5-1のような流れになる。

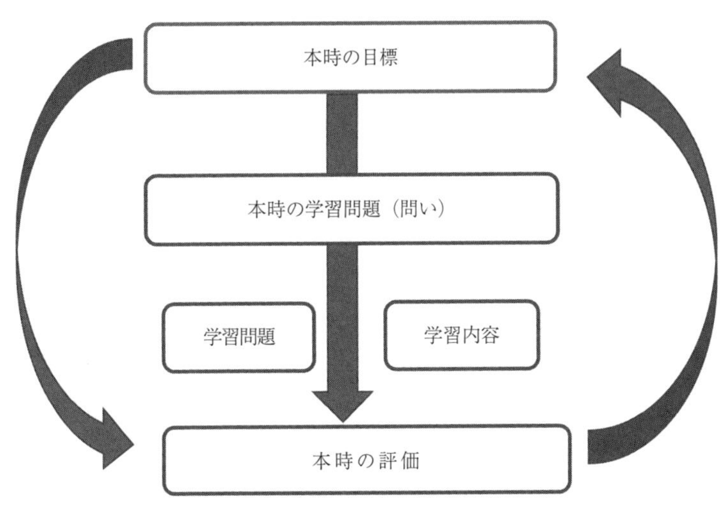

図5-1　学習評価の流れ

4. 平成29 年改訂を踏まえた学習評価の意義

(1) 改訂のねらいとして出された学習評価の充実

改訂版の『小・中学校学習指導要領（平成29年告示）総則』では学習評価の目的等について，おおよそ次のように述べられている。

「単元や題材など内容や時間のまとまりを見通しながら，児童生徒の主体的・対話的で深い学びの実現に向けた授業改善を行うと同時に，評価の場面や方法を工夫して，学習の過程や成果を評価すること」と示し，授業の改善と評価の改善を両輪として行っていくこと」

このことは，教師が学習指導を行う際には，児童の学習状況を的確に把握し，指導の在り方を評価・改善していくことを求めていると捉えることができる。すなわち，教師が，指導と評価を一体のものとして児童に学習指導を行うことが重要なこととして受け止める必要がある。

(2) 改訂のキーワードに関する指導と評価の考え方

新学習指導要領の改訂のキーワードとして，「カリキュラム・マネジメント」と「主体的・対話的で深い学び」があり，このキーワードに関する評価ついての考え方が,「『指導と評価の一体化』のための学習評価に関する参考資料」（令和2年3月文部科学省国立教育政策研究所）で以下のように示されている。

(ア) カリキュラム・マネジメントの一環としての指導と評価

各学校では，児童生徒の学習状況を評価し，その結果を児童生徒の学習や教師による指導の改善や学校全体としての教育課程の改善等に生かしており，学校全体として組織的かつ計画的に教育活動の質の向上を図っている。このように，「学習指導」と「学習評価」は学校の教育活動の根幹に当たり，教育課程に基づいて組織的かつ計画的に教育活動の質の向上を図る「カリキュラム・マネジメント」の中核的な役割を担っている。

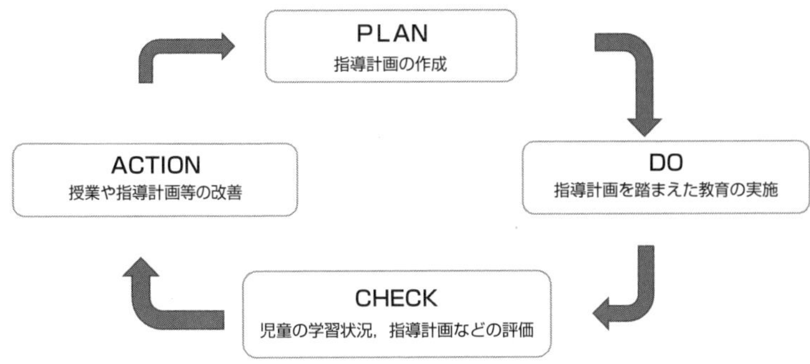

図5-2　カリキュラム・マネジメントの流れ
国立教育政策研究所 「学習の評価の在り方ハンドブック」をもとに作成

（イ）主体的・対話的で深い学びの視点からの授業改善と評価

指導と評価の一体化を図るためには，児童生徒一人一人の学習の成立を促すための評価という視点を一層重視し，教師が自らの指導のねらいに応じて授業での児童生徒の学びを振り返り，学習や指導の改善に生かしていくことが大切である。

このことは，学習指導と学習評価を一体のもの捉え，各教科の指導の総体として教育課程すなわちカリキュラムを運用していく上で大切な考え方であると捉えることはできる。また，教師は児童の学びを成立させるためには自己の指導の在り方を絶えず振り返り，指導の改善に努めることを求められていると受け止めたい。

これらのことを踏まえて，これからの学習評価の在り方の基本的な考え方として以下のこと理解しておくことが重要である。

学習評価は，教師の学習指導の改善につながるものにして捉えるとともに学習評価は児童自身の学習改善につながるものとなること。そして，学習評価の在り方についても，評価内容・方法，場面などについて改善を図っていくことが大切である。

5. 平成29年改訂を受けた評価の観点の整理

全ての教科等の目標及び内容を「知識及び技能」,「思考力, 判断力, 表現力等」,「学びに向かう力, 人間性等」の育成を目指す資質・能力の三つの柱で再整理した。

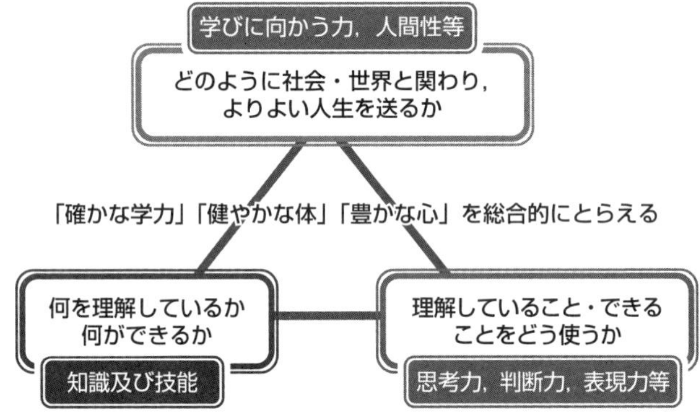

図5-3　育成すべき資質・能力の三つの柱
文部科学省HP「平成29年, 30年改訂のポイントより

観点別学習状況の評価については4観点から3観点に整理された（図5-4）。

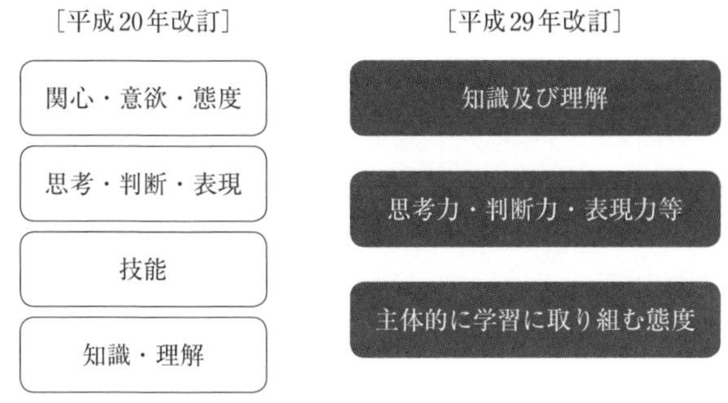

［平成20年改訂］
関心・意欲・態度
思考・判断・表現
技能
知識・理解
［平成29年改訂］
知識及び理解
思考力・判断力・表現力等
主体的に学習に取り組む態度

図5-4　学力の３つの要素と評価の観点との整理
「指導と評価の一体化」のための学習評価に関する参考資料より

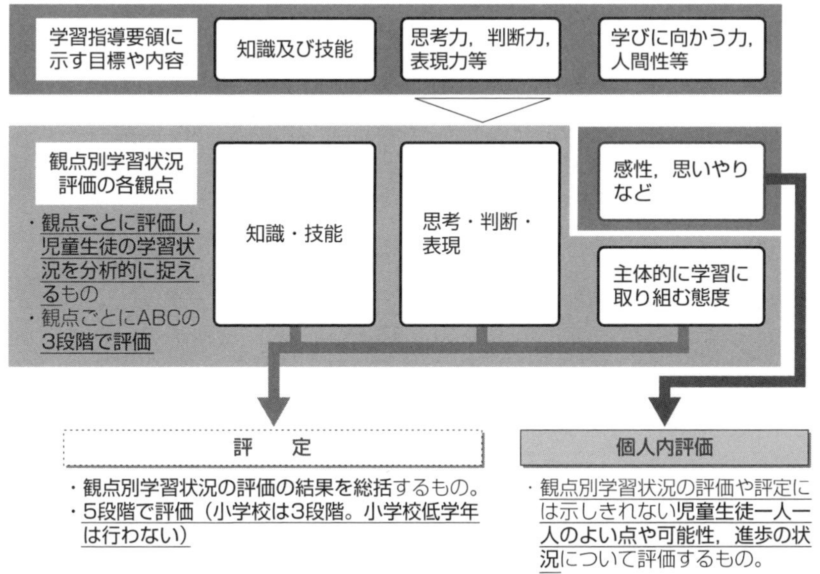

各教科における評価の基本構造
・各教科における評価は，学習指導要領に示す各教科の目標や内容に照らして学習状況を評価するもの（目標準拠評価）
・したがって，目標準拠評価は，集団内での相対的な位置付けを評価するいわゆる相対評価とは異なる。
学習指導要領に示す目標や内容
知識及び技能
思考力，判断力，表現力等
学びに向かう力，人間性等
観点別学習状況評価の各観点
・観点ごとに評価し，児童生徒の学習状況を分析的に捉えるもの
・観点ごとにABCの3段階で評価
知識・技能
思考・判断・表現
感性，思いやりなど
主体的に学習に取り組む態度
評　定
・観点別学習状況の評価の結果を総括するもの。
・5段階で評価（小学校は3段階。小学校低学年は行わない）
個人内評価
・観点別学習状況の評価や評定には示しきれない児童生徒一人一人のよい点や可能性，進歩の状況について評価するもの。

図5-5　各教科における評価の基本構造
「指導と評価の一体化」のための学習評価に関する参考資料より

(1) 小学校社会科の学習評価の改善について

この(1)及び続く(2)(3)(4)は「学習評価に関する参考資料」を引用・一部加筆して説明したものである。「学習評価に関する参考資料」によると，小学校の社会科においては，学習指導要領に示された「内容のまとまり」は，複数の内容に分かれ，その内容ごとに単元を成すものがほとんどである。そこで，「内容のまとまりごとの評価規準」をそのまま活用するのではなく，単元ごとに単元構成や学習過程に沿った具体的な評価規準を作成していくことになる，とある。

①知識・技能について

知識・技能については，「〜調べる，〜まとめる，〜理解する」などと知識と技能を関連付けて評価規準を作成する。

社会科の学習を通して児童が獲得する知識とは，例えば，自給率や兼業農家などの用語などはもとより資料などを調べてわかる社会的事象の様子についての具体的な知識と調べてまとめたものを基にして，考えて分かる汎用性のある概念的な知識のことである。これらは，地域や我が国の地理的環境，地域や我が国の歴史や伝統と文化，現代社会の仕組みや働きを通して，「社会生活についての総合的な理解を図るためのもの」である。

また，児童が身に付ける技能とは，具体的には，調査活動や資料の活用など手段を考えて問題解決に必要な社会的事象に関する情報を集める技能，集めた情報を読み取る技能，読み取った情報を問題解決に沿ってまとめる技能などであると考えられる。

社会科の「知識･技能」としては，これらの知識と技能を関連付けて「〜を調べ，〜まとめ，〜理解している」などと捉えて評価することが大切である。それは，社会科は，地図や統計，実物，写真など多くの資料を集めて読み取り社会的事象の様子を具体的に理解すること，また，調べまとめたことを基に考え，社会的事象の特色や意味などを理解することが大切だからである。 その中で，特に社会的事象の意味は重要であり，働く人々の工夫や努力，地域の特色をしっかりと理解させる上で欠かせない。

そこで，学習過程に沿って，

①調べて，必要な情報を集め，読み取り，社会的事象の様子について具体的に理解しているか。

②調べたことを文などにまとめ，社会的事象の特色や意味などを理解しているか。

という学習状況を捉えるよう，評価規準を作成する。

その際，評価場面によっては，知識を中心に学習状況を捉える場面や，技能を中心に学習状況を捉える場面があり得ることにも留意することが大切である。

(2) 思考・判断・表現について

社会的事象の特色や相互の関連，意味を多角的に考えたり，社会に見られる課題を把握して，その解決に向けて社会への関わり方を選択・判断したりする「解決場面」における評価について評価規準を作成する。

ここでは，学習過程に沿って，

①社会的事象に着目して，問いを見出し，社会的事象の様子について考え，表現しているか，

②比較・関連付け，総合などして社会的事象の特色や意味を考えたり，学習したことを基に社会への関わり方を選択・判断したりして，適切に表現しているか，

という学習状況を捉えるよう，評価規準を作成する。

(3) 主体的に学習に取り組む態度について

主体的に学習に取り組む態度については，知識及び技能や，思考力，判断力，表現力等を身に付けることに向けて粘り強い取組を行おうとする側面と，粘り強い取組を行う中で自らの学習を調整しようとする側面について，「主体的に学習に取り組む態度」として評価規準を作成する。

ここでは，学習過程に沿って，

①社会的事象について，予想や学習計画を立て，学習を振り返ったり見直したりして，学習問題を追究・解決しようとしているか。

②よりよい社会を考え学習したことを社会生活に生かそうとしているかという学習状況を捉えるよう評価規準を作成する。

上記①の「予想や学習計画を立て」では，学習問題の追究・解決に向けて見通しをもとうとしている学習状況を捉えるようにする。また,「学習を振り返ったり見直したりして」では，問題解決に向けて，自らの学習状況を確認したり，さらに調べたいことを考えようとしたりする学習状況を捉えるようにする。その際，単元によっては,「さらに調べたいことを考える場面」が設定されない

場合も考えられるため「振り返ったり見直したり」と示していることに留意し，単元の学習活動に応じて適切に文言を選びながら評価規準を設定することが大切である。

上記②の「学習したことを社会生活に生かそうとしているか」では，それまでの学習成果を基に，生活の在り方やこれからの社会の発展について考えようとする学習状況を捉えるようにする。これは「社会的な態度」と捉えることができ，社会に見られる課題を把握して社会への関わり方を選択・判断したり，多角的に考えて社会の発展について自分の考えをまとめたりする学習場面で表出されることが多いと考えられるため，思考・判断・表現との関連性を踏まえて評価規準を設定することが大切である。

その際，単元によっては「選択・判断する場面」や「発展について考える場面」が設定されない場合もあることに留意し，単元の学習活動に応じて評価規準設定の有無を含めて工夫することが大切である［図5-6］。

学習評価の進め方

1　単元（題材）の目標を作成する	学習指導要領の目標や内容，学習指導要領解説等を踏まえて作成する。児童生徒の実態，前単元（題材）までの学習状況を踏まえて作成する。

2　単元の評価規準を作成する	

3「指導と評価の計画」を作成する	○1，2を踏まえて，評価場面，評価方法等を計画する。 ○どのような評価の資料をもとに「おおむね満足できる」状況（B）と評価するかを考えたり，「努力を要する」状況（C）への手立てを考えたりする。

授業を行う	3に沿って観点別学習状況の評価を行い，児童生徒の学習改善や教師の指導改善につなげる。

4　観点ごとに総括する	○集まった評価の資料やそれに基づく評価結果などから，観点ごとの総括的評価（A，B，C）を行う。

図5-6　学習評価の進め方
「指導と評価の一体化」のための学習評価に関する参考資料をもとに自作

(4) 評価規準の設定について

小単元の目標から，評価規準の設定の基本的な考え方は次のようになる。

目標

(1) Aについて，学習の問題を追究・解決する活動を通して，次の事項を身につけることができるよう指導する。
ア　次のような知識や技能を身に付けること
(ア) Bを理解すること
(イ) Cなどで調べて，Dなどにまとめること
イ　次のような思考力，判断力，表現力等を身に付けること
(ア) Eなどに着目して，Fを捉え，Gを考え，表現すること

評価規準

知識・技能	思考・判断・表現	主体的に学習に取り組む態度
①EなどについてCなどで調べて，必要な情報を集め，読み取り，Fを理解している。	①Eなどに着目して，問いを見出し，Fについて考え表現している。	①A（に関する事項）について，予想や学習計画を立て，学習を振り返ったり見直したりして，学習問題を追究し，解決しようとしている。
②調べたことをDや文などにまとめ，Bを理解している。	②○と○を（比較・関連付け，総合など）してGを考えたり，学習したことを基に社会への関わり方を選択・判断したりして，適切に表現している。	②よりよい社会を考え，学習したことを社会生活に生かそうとしている。 ※発展を多角的に考えようとする ※選択・判断しようとする

「学習評価に関する参考資料」より

第4学年(2)「人々の健康や生活環境を支える事業」を取り上げて，「人々の健康や生活環境を支える事業」の内容のまとまりごとの評価規準を以下に示す。

「人々の健康や生活環境を支える事業」の内容のまとまりごとの評価規準

知識・技能

飲料水，電気，ガスを供給する事業は，安全で安定的に供給できるように進

められていることや，地域の人々の健康な生活の維持と向上に役立っていることを理解している。

廃棄物の処理の事業は，衛生的な処理や資源の有効利用ができるように進められていることや，生活環境の維持と向上に役立っていることを理解している。

・飲料水，電気，ガスを供給する事業は，安全で安定的に供給できるよう進められていることや，地域の人々の健康な生活の維持と向上に役立っていることを理解している。
・廃棄物を処理する事業は，衛生的な処理や資源の有効利用ができるよう進められていることや，生活環境の維持と向上に役立っていることを理解している。

見学・調査したり地図などの資料で調べたりして，まとめている。

思考・判断・表現
・供給の仕組みや経路，県内外の人々の協力などに着目して，飲料水，電気，ガスの供給のための事業の様子を捉え，それらの事業が果たす役割を考え，表現している。
・処理の仕組みや再利用，県内外の人々の協力などに着目して，廃棄物の処理のための事業の様子を捉え，その事業が果たす役割を考え，表現している。

主体的に学習に取り組む態度
・人々の健康や生活環境を支える事業について，主体的に問題解決しようとしたり，よりよい社会を考え学習したことを社会生活に生かそうとしたりしている。

第2節　実際の学習評価について

1　小単元名　「情報を伝える人々」(8時間)

2　小単元の目標

我が国の産業と情報との関わりについて，放送などの情報産業で働く人々の情報を集め発信するまでの工夫や努力に着目して調べ，まとめることで，放送などの情報産業の様子を捉える。放送などの情報産業は国民生活に大きな影響を及ぼしていることを理解できるようにするとともに，主体的に学習問題を解決しようとする態度や，学習したことを基に情報の送り手や受け手の立場から多角的に考え，受け手として正しく判断することの大切さを考えようとする態度を養う。

3　観点別評価規準

知識・技能	思考・判断・表現	主体的に学習に取り組む態度
①放送などの情報産業で働く人々の情報を集め発信するまでの工夫や努力などについて，映像や資料などで調べ，必要な情報を集め，読み取り，放送などの情報産業の様子を理解している。 ②調べたことを図や文章にまとめ，放送などの情報産業は，国民生活に大きな影響を及ぼしていることを理解している。	①放送などの情報産業で働く人々の情報を集め発信するまでの工夫や努力に着目して，問いを見いだし，情報の情報産業の様子について考え表現している。 ②放送局などから発信される情報と自分たちの生活を関連付けて，情報産業が国民生活に果たす役割を考えたり，学習したことを基に情報の送り手と受け手の立場から多角的に考え，受け手として正しく判断することが大切であることを考え表現したりしている。	①放送などの産業と情報との関わりについて，予想や学習計画を立てたり，学習を見直したりして，主体的に学習問題を追究し解決しようとしている。 ②学習したことを基に情報の送り手と受け手の立場から多角的に考え，受け手として正しく判断することの大切さを考えようとしている。

4　学習指導計画

	ねらい	主な学習活動　予想される児童の反応	資料・評価規準
つかむ	①情報を得る手段について調べることを通して，国民は様々なメディアから情報を得ていることを理解できるようにする。	わたしたちは，何からどのような情報を得ているのだろうか。 ○天気予報を例に，どのようなものから得ているのかを調べる。 ・テレビ ・インターネット ・新聞 ○国民は各メディアからどのような情	□天気予報 ※いつ，どこでどのようなメディアを使っているのかも発表するようにさせる。 □生活で触れるメディアと歴史 ※国民が情報を得る手段は多様になってい

		報を得ているのかを調べる。 ・テレビ放送から事件のことを得ている。 ・インターネットでスポーツ情報を得ている。 ・新聞から政治情報を得ている。 わたしたちは，テレビ放送や新聞，インターネットなどから，生活に必要な情報や娯楽などの情報を得ている。	ることを確認する。 ◇国民の情報収集手段について調べ，多くのメディアから情報を得ていることを理解している。【知①】
つかむ	②テレビ放送に接する国民が減少している中，メディアとしての信頼性が高いことについて話し合うことを通して，学習問題をつくることができるようにする。 （本時）	テレビ放送が信頼されていることについて感じたことや疑問を出し合い，学習問題をつくろう。 ○国民が触れるメディアの推移を調べる。 ・テレビや新聞は年々減少している。 ・インターネットが大きく増加している。 ○国民が信頼しているメディアについて調べ，感じたことや疑問を出し合い学習問題をつくる。 ・インターネットは年々増加しているのに信頼度は低い。 ・テレビ放送は年々減少しているけれど，信頼されている。 ・なぜテレビ放送は信頼されているのか。 ・信頼を得るためにどのようなことをしているのか。 ○学習問題についての予想を書く。 〈学習問題〉 放送局は信頼を得るような放送をするために，どのような取り組みをしているのだろうか。 ・しっかりと取材をして分かりやすく伝えているのではないか。	□国民が触れるメディアの推移 ※児童の日常生活と関連付けるなど，具体的な場面を想起させる。 □国民が信頼しているメディア ※利用が減少している中，信頼を得ていることに着目して感じたことや疑問を出すようにさせる。 ※これまでの産業学習を振り返って，情報を受け取る国民と産業との関わりに着目して予想させる。 ◇放送局からの情報が信頼されていることに着目して問いを見いだしている。 【思①】

	③予想を出し合うことを通して，学習計画を立て学習の見通しをもてるようにする。	○予想を出し合う。 ・しっかりと取材をしてわかりやすく伝えているのではないか。 ・正確な情報を放送しているからではないか。	
調べる	④ニュース番組をつくるための情報収集について調べることを通して，国民や社会のニーズを意識し，正確な情報を集めていることを理解できるようにする。	○テレビ欄やニュース映像を基に，放送回数や放送内容を調べる。 ・1日に10回以上放送されている。 ・事件や事故，政治のことだけでなく，スポーツや天気予報も放送されている。 ○学習問題を解決するために調べることを話し合い，学習計画に整理する。 〈学習計画〉 ・情報をどのように得ているのか。 ・たくさんの内容をどのように放送しているのか。 放送局はニュース番組をつくるために，どのように情報を集めているのだろうか。 ○資料から放送局の情報収集について調べる。 ・現地に行って話を聞いたり映像を撮ったりし，放送局に送っている。 ・取材内容の正確さを確保するために，専門家に話を聞くこともある。 ・国民が求めていることを考えて情報を集めている。 放送局はニュース番組をつくるために，現地で直接話を聞いたり映像を撮ったりするだけではなく，専門家などにも取材するなど，正確さを重視して情報を集めている。	□放送局の情報収集 □放送局の全国ネットワーク ※正確な情報を得ることの意味を情報の受け手との関連から考えるようにさせる。 ◇放送局の情報収集について調べ，正確さを重視して情報を集めていることを理解している。【知①】

	⑤ニュース番組を放送するための発信の取組について調べることを通して，状況を判断しながら国民に適切に情報を伝えようとしていることを理解できるようにする。	放送局は集めた情報をどのようにして放送しているのだろうか。 ○資料から放送局の情報発信について調べる。 ・番組開始の3時間前に会議を開き内容を決定している。 ・放送開始直前まで作業を行うとともに，放送中も放送内容を変えながら発信している。 ・限られた時間の中で伝える内容の優先順位を考えながら発信している。 放送局は集めた情報を，優先順位をもとに編集するとともに，状況に応じて必要な内容を選択して放送している。	□放送局の情報発信 □副調整室の働き ※放送直前まで作業を行うことや放送中に内容を変更することの意味を情報の受け手との関連から考えるようにさせる。 ◇放送局の情報発信について調べ，受け手への影響を考え必要な内容を選択して放送していることを理解している。【知①】
調べる	⑥放送局によるインターネットの活用を調べることを通して，正確な情報を速く広範囲に伝えようというマスメディアの働きを理解することができる。	放送局はなぜインターネットも使って情報集めたり発信したりしているのだろうか。 ○資料から放送局がインターネットも活用して情報集や発信をしている意図を調べる。 ・熊本地震の際，SNSで誤った情報が個人から発信されたが，放送局がSNSで新たな情報を出したことでデマを打ち消せた。 ・インターネットでの現地の口コミを見ることによって，細かな情報を取材するきっかけとなる。 ・放送局は正確な情報を収集，発信する仕組みを使ってインターネットでも情報を伝えている。 放送局は正確な情報を伝える仕組みをもっており，より多くの国民に情報を伝えられるため，インターネットを活用している。	□放送局のSNS ※学習内容を振り返り，放送局もインターネットを活用していることに着目して本時の問いを設定する。 ◇学習を振り返り，新たな問いとして放送局のインターネット活用を調べようとしている。【態①】 □放送局のインターネット活用 ※放送局が正確な情報を収集，発信する仕組みを基にインターネットを活用していることに目を向けるようにさせる。 ◇情報収集や発信方法を根拠に，放送局が

			インターネットを活用する利点を考えている。【思①】
まとめる	⑦これまでの学習を図にまとめ，学習問題について話し合うことを通して，放送局は信頼を得るような放送をするために，情報の受け手への影響を考えながら取り組んでいることを理解することができる。	○これまでの学習を図（特性要因図）にまとめ，学習問題について話し合う。 ・放送局は正確に情報収集をするために，現地で情報を得るだけでなく，専門家などに情報の裏付けも取るようにしている。 ・放送局は見る人に伝えるべき内容を選んだり，見る人への影響を考えながら情報を発信している。 放送局は信頼を得るような放送をするために，正確な情報を収集するとともに，情報の受け手への影響を考えながら発信する工夫を行っている。	□これまでの学習 ※図を書くことを通して，情報収集や発信の仕組みと，放送局の信頼とのつながりを考えるようにさせる。 ◇放送局などから発信される情報と自分たちの生活を関連付けて，放送などの産業が国民生活に果たす役割を考えている。【思②】 ◇調べたことを図や文などにまとめ，放送は，国民生活に大きな影響を及ぼしていることを理解している。【知②】

5　学習評価の実際

（1）観点別評価規準の位置付け

指導計画に示しているように，本単元の1時間ごとに，設定した観点別評価規準を位置付け，その時間として特に見取っていく観点を決め，ノートや発言など児童から表現されたことをもとに評価を行った。

(2) 1時間ごとの評価

〈板書の写真〉

第7時

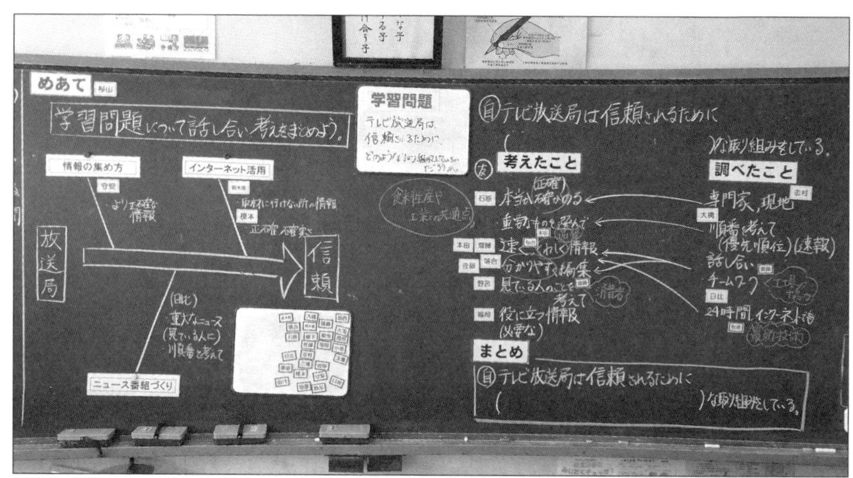

児童名を黒板に貼り，その児童の考え方を板書すると，相手の考え方が相互に伝わる。

第7時の板書の記録にあるように，発言した児童名を板書の中に位置づけ，児童それぞれの考えが相互に伝わるようにするとともに評価規準に基づいて，児童の発言を評価するようにした。

また，時間の中で，児童がまとめたワークシートをもとに，児童が学習を通して理解や考えの深まりを評価するようにした。

この児童は，本時の学習問題である「テレビ放送は信頼されるために，どのような取り組みをしているのだろうか」に対して，いままでの調査活動をとおして得られた，放送局の働きをもう一度自分なりに取り上げ，そのことが放送局と視聴者の信頼への結びつく流れの中で整理して，①事実を取材する（現場主義），②インターネットの活用と正確性の検証の2つを取り上げ，放送局が伝達の迅速性，正確性そして組織的な取り組みについて自分なりの考えをまとめていると受け止めることができる。この児童の姿は，本時の教師の指導のねらいに沿うものと捉えることができた。

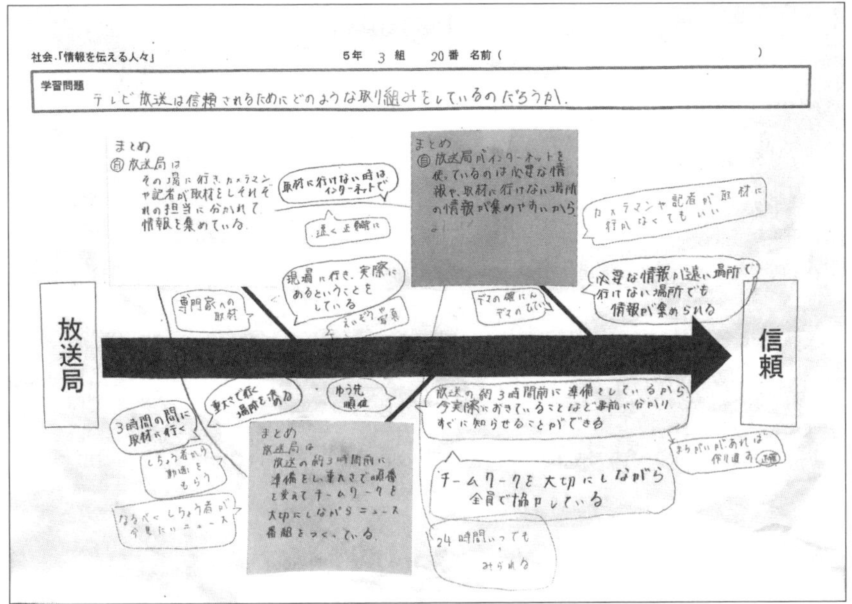

(3) 学習の振り返りとして

学習の振り返りとして，下記の形式のワークシートを配布して児童の学習の振り返りを行わせ，児童一人一人の学習の様子を把握するようにした。その際，児童に記入の仕方について下記のように提示した。

> **単元の学習の振り返り**
>
> 視点①・・・予想のころと比べて，分かるようになったり考えられるようになったことは何か
>
> 視点②・・・自分の学習はどうだったか。理由も。（◎・○・△）
>
> 視点③・・・自分の社会科学習をよくするには，今後，どのようなことをするとよいと思うか。

社会「情報を伝える人々」　　5年　3組　22番　名前（　　　　）

【「情報を伝える人々」での目標】

◎	前の学習を生かしながら信頼と関係させてまとめている。
○	学習問題に対して「信頼」と関係させてまとめている。
▲	学習問題に対して「信頼」とは関係なくまとめてしまっている。

【振り返り】

①学習問題についての予想	②自分の調べ方についての振り返り
テレビ放送は，信頼されるために（インタビューえいぞうをうつしたり，大学の教授など，有名な人の考えを出している）のではないか。 まちがえたらしゃざい！	信頼とかんけいさせながら考えれたけど，前の学習を生かせなかったので，考えにいれたい。また，情報はたくさんあつまり，こんきなどもしっかりかけたのでよかったです。でも，もっと資料を読みかえしたら，情報があつまると思ったので，もっとしっかり資料をよんでせんをひきたいです。
③学習問題についての考え	④学習全体の振り返り
㊀テレビ放送局は信頼されるために（消費者のことを考えて，より分かりやすい工夫をしたり，正確で重大なニュースをチームワークでつくっている。また，分からない物は専門家にきいたり，現地に取材にいったりして，24時間インターネットにも情報を発信する）取り組みをしている。	予想のころにくらべて，放送局はたくさんの取り組みをして信頼を得ていることがわかりました。また，放送された情報から，見ている人がどう判断するかによって，よかったのかがかわることも考えることができました。○私は，信頼と関係させて考えることはできたけど，前の学習と結びつけるのがあまりできませんでした。でも，友だちの意見をきいて，少しだけかんれんさせることができたけど，もっとできたと思うので○です。そして，これからは，今まで学習してきたことをふり返りながら，今のたんげんとむすびつけるとよいと思いました。そのためノートはしっかりとり，自分の考えと，黒板にかいてなくてもよいと思った考えはかくようにしたいと思いました。

このように1時間ごとの児童の学習の姿を記録，保存して，積み重ねた児童の姿を通して，児童の学習状況を把握して，評価していくことが重要となる。また，児童の学びの姿を通して指導自身の指導の在り方を振り返り，指導の改善点を見出すことも重要となる。

課　題

1. 学習評価を行う際に，指導者として心がけなければならないこと，指導前，指導中，指導後に分けて考えなさい。
2. 5年の学習の中から，任意の小単元を取り上げ，学習目標をもとに観点別評価規準を作成しなさい。

参考文献

神奈川県教育委員会編『カリキュラム・マネジメントとの一環としての指導と評価』2020年

『教科指導法シリーズ小学校　社会』玉川大学出版部，2011年

文部科学省『小学校学習指導要領（平成29年告示）解説　社会編』東洋館出版社，2018年
文部科学省『小学校学習指導要領（平成29年告示）解説　総則編』東洋館出版社，2018年
文部科学省『月刊初等教育資料・令和2年1月号』東洋館出版社，2020年
文部科学省国立教育政策研究所「学習評価の在り方ハンドブック」
文部科学省国立教育政策研究所「『指導と評価の一体化』のための学習評価に関する参考資料」2020年

Ⅱ　社会科教育の実践

第6章

第3学年社会科の授業実践

今回の学習指導要領の改訂により，これまで「第3学年及び第4学年」と2学年をひとくくりしていた内容が，系統的･段階的に再整理され，「第3学年」「第4学年」と分けて示された。
両学年ともに，地域の社会生活を学ぶ学習には変わりはないが，第3学年では「地域」の範囲が「自分たちが生活している市区町村」と明示されたこと，「観察･調査」をまとめて「調査活動」とし，さらに「地図帳」の活用が新たに示されたことなどが特徴である。
本章では，前段までに述べてきた理論が実践ではどのように活かされているかを具体的な指導案や実践事例を通して紹介する。

キーワード　第3学年の社会科学習の特色　地図指導　指導案の作成　教材　学習活動

第1節　本実践の特色

1．調査活動を多く取り入れた実践

次節の指導案からもわかるように，本実践は調査活動を中心に構成されている。第1～2時でふだんよく買い物に行っているスーパーマーケットに着目し，自らの買い物体験を掘り起こしながら学習対象に興味をもたせ，学習問題を作成する。第3時に見学の視点を決めた後，第4時～5時を使って，学校から歩いてすぐのスーパーマーケットに見学に行く。この時，スーパーマーケットの見取り図や店内の写真を活用して，イメージを十分に高める工夫がされている。教師が事前にスーパーマーケットに行き，店長に学習のねらいを伝えるとともに，協力を依頼するなど事前の準備がよく行われている。
具体的で身近な資料を用意することが，「スーパーマーケットの店員さんは，

たくさんの人にきてもらうために，どのような作戦を立てているのだろうか」という学習問題作成につながっている。

2.「作戦」をキーワードに学習を進めていること

3年生にとって，社会科学習は生活科の継続･発展を意識して構成されている。問題解決的な学習を成立させるためには，学習問題の設定は要である。3年生の初期の段階では，学習問題のすべての文言を児童に作成させるのはまだハードルが高い。そこで，最初は教師が提示するなどして問題解決的な学習の基礎を築いた後，「ミッション」や「作戦を調べよう」など具体的な追究活動を経験させながら，学年が上がるにつれて自分たちの力，文言で学習問題やまとめを表現できるよう育てていくことが大切である。

3. 関わりを重視し，「店長さんの話」「店員さんの話」「家の人の話」を資料として活用したこと

調査活動の後の追究活動では，「人」を軸にして売り上げを高めるための工夫について考える活動を取り入れて，ねらいに迫ろうとしている。この時，予想や自分たちの考えでで終わるのではなく，その根拠を実際に店で働く人の言葉で確かめている。最初から話に行き着くのではなく，「自分たちが考えたことは，本当にそうなのか」という疑問に答える形で話を取り入れているため，実証的な授業となっていることが参考になる。

また，第10時では，「自分たちが考えたスーパーマーケットの作戦が本当に家の人に喜ばれているのだろうか」という疑問を解決するため，消費者の立場に立って「家の人」をゲストティーチャーとして招き，見方を変えて考えを深め，まとめる活動に向かっているところに学ぶものがある。

第2節　指導の実際

第3学年　社会科学習指導案

令和○年○月○日（○）
○○立○○小学校
第3学年○組　　○○名
指導者　　　　○○○○

1　小単元名　わたしたちのくらしと買い物

2　小単元の目標と観点別評価規準

(1)　小単元の目標

○買い物調べやスーパーマーケット見学などを通して，販売の仕事の様子，商品を通じた他地域とのつながりについて調べ，販売に携わる人々の工夫について考える。

○販売の工夫と客の買い物の工夫とのかかわりについて考え，販売の仕事が自分たちの生活を支えていることを理解する。

(2)　小単元の観点別評価規準

知識・技能	思考・判断・表現	主体的に学習に取り組む態度
○販売に携わる人々が，消費者の願いに応えるために様々な工夫をして仕事していることを理解している。 ○商品の仕入れを通して，他地域とつながっていることを理解している。 ○資料を活用し，消費者の願いに応えるための販売の工夫について，必要な情報を集め読み取っている。	○販売に携わる人々が，多くの客を集めるために様々な工夫をしていることについて，根拠をもって予想している。 ○商品管理，陳列などに見られる工夫の意味を考え，大切だと判断したことをノートに適切に表現している。	○スーパーマーケットの仕事について関心をもち，意欲的に話し合ったり調べたりしている。 ○見学に際しては，めあてをもって調べ，積極的に観察したり，インタビューしたりしている。 ○学んだことを活用し，客のニーズに対応した店づくりについて考えようとしている。

3　小単元について

(1)　学習指導要領との関連

本小単元は『小学校学習指導要領 社会』「第3学年の内容(2)」に基づいて設定したものである。

(2) 地域に見られる生産や販売の仕事について，学習の問題を追究・解決する活動を通して，次の事項を身に付けることができるよう指導する。
ア(イ) 販売の仕事は，消費者の多様な願いを踏まえ売り上げを高めるよう，工夫して行われていることを理解すること。
イ(イ) 消費者の願い，販売の仕方，他地域や外国との関わりなどに着目して，販売に携わっている人々の仕事の様子を捉え，それらの仕事に見られる工夫を考え，表現すること。

本小単元は，「町の人びとのしごと」の第1小単元である。大単元は，販売の仕事に関する内容「わたしたちのくらしと買い物」，生産の仕事に関する内容「農家（または工場）のしごと」の2つの小単元によって構成されている。

本小単元では，地域に見られる販売の仕事について扱う。私たちの生活に欠かすことのできない食材や日用品が店でどのように販売されているのか，販売の仕事に携わる人々はどのような工夫や努力をしているのかということについて学習する。また，消費者は，より良い生活をするために，様々な思いや願いをもって日々買い物をしていること，販売に携わる人々の工夫や努力はそれら消費者のニーズに応えるためであることについても捉えさせる。

本小単元は，社会科の学習の中で，「社会には様々な仕事があり，仕事に携わる人々は地域の人々のニーズに応えるための工夫や努力をして仕事をしている」という概念を獲得する最初の単元である。この小単元で獲得した概念は，第2小単元である生産の仕事，今後学習する健康や安全を守る仕事，さらには5年生の産業に関する単元や6年生の政治単元に繋がっていくものである。このことを踏まえ，本小単元の学習は，販売に携わる人の仕事を捉えることにとどまらず，それらの人々の工夫や努力の意味を考えることを特に意識し，学習過程を丁寧に踏んで進める必要があると考える。

(2) 教材について

本小単元ではスーパーマーケットについて取り上げ，学区域にあるスーパーマーケットを主な教材として学習を進める。これは，以下の理由による。

第一に，地域の実態である。〇〇駅周辺は多くの店が集まる商業地域であるが，店舗の中心は飲食店やドラッグストアなどの大手チェーン店などである。学習の中心として取り扱いたい生鮮食料品を売る青果店，鮮魚店，食肉店もあるが，数は少ない。また，駅周辺や商店街などにはスーパーマーケットが複数存在し，コンビニエンスストアも多い。

第二に，本学級の児童の家庭の買い物の実態である。保護者にアンケート調査を行った結果，協力を得た32名中31名が買い物の中心はスーパーマーケットであると回答した。上記のような地域の実態と共働きの家庭が多いことが理由であると考えられる。なお，前述のように複数のスーパーマーケットがある地域のため，住んでいる地域によって利用するスーパーマーケットが異なり，目的に応じて複数のスーパーマーケットを使い分けている家庭も多い。

今回取り上げたスーパー○○○○は，本学級の約2分の1の保護者が利用している。駐車場があり，車での来店客もいるが，本学級の保護者の多くは徒歩または自転車で買い物に行っている。他のスーパーマーケットと比較すると，商品の陳列や売り場の配置の工夫がわかりやすい。鮮魚コーナーに調理を頼める窓口があることも，学区域内の他のスーパーマーケットとの違いである。また，毎年本校児童の見学を受け入れてくれており，対応も協力的であることから，児童が具体的に調べ学習を進めるにも適している。以上のような保護者の利用実態と店の工夫の捉えやすさから，スーパー○○○○を教材とすることが妥当であると考えた。

⑶ 児童の実態

これまで社会科では，学区域や○○区の様子を調べ，地域による特色の違いを考える学習をしてきた。町たんけんで地域の様子を観察したり，資料を読み取って様子を捉えたりする活動を一生懸命に行った。「どのようなことを見れば良いのか」という視点を与えることで，丁寧に読み取ろうとすることができる。一方で，与えられたことについては調べようとすることができるが，自発的に新たな発見をする児童はまだ少数である。

問題解決的な学習の仕方については，学習問題の設定，学習計画なども含め，3年生の発達段階を踏まえ教師主導で体験させている段階である。本小単元では，スーパーマーケットの刺身売り場の時間による変化，野菜の特設売り場の設置という全員共通の資料から疑問を見出し，学習問題を設定し学習計画を立てる活動を行う。全員が共通の資料に出合うことで，家庭環境や生活経験に左右されることなく問題意識を共有することができると考えたからである。さらに，スーパーマーケットの見学で調べた事実をもとに比較･関連付けさせていく学習を丁寧に行う。集客の工夫を「店員さんの作戦」として集約し，さらにそれが各売り場に反映されていることや客に受け入れられていくことを確かめていく。これらの学習活動を丁寧に指導することを通して，問題解決的な学習の進め方を身に付けさせていきたい。

4　知識の構造図と育てたい子どもの姿

(2) 地域に見られる販売の仕事について，学習の問題を追究・解決する活動を通して，次の事項を身に付けることができるように指導する。
ア(イ) 販売の仕事は，消費者の多様な願い踏まえて売り上げを高めるよう，工夫して行われていること。
イ(イ) 消費者の願い，販売の仕方，他地域や外国との関わりなどに着目して，販売に携わっている人々の仕事の様子を捉え，それらの仕事に見られる工夫を考え，表現すること。

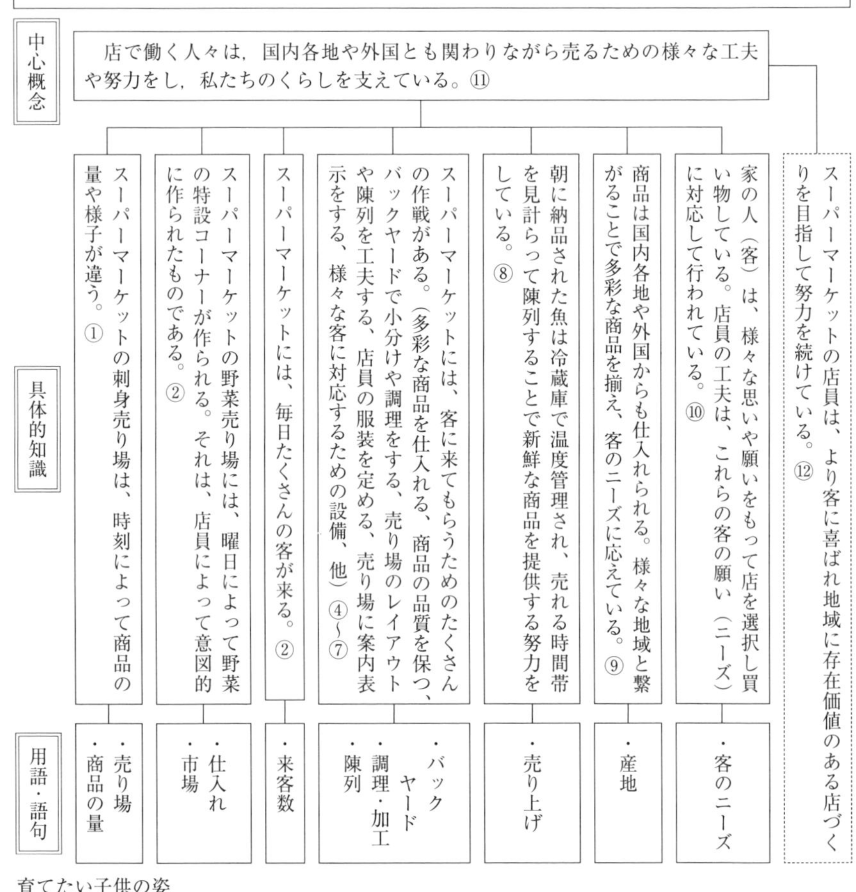

中心概念
店で働く人々は，国内各地や外国とも関わりながら売るための様々な工夫や努力をし，私たちのくらしを支えている。⑪
スーパーマーケットの店員は、より客に喜ばれ地域に存在価値のある店づくりを目指して努力を続けている。⑫
具体的知識
家の人（客）は、様々な思いや願いをもって店を選択し買い物している。店員の工夫は、これらの客の願い（ニーズ）に対応して行われている。⑩
商品は国内各地や外国からも仕入れられる。様々な地域と繋がることで多彩な商品を揃え、客のニーズに応えている。⑨
朝に納品された魚は冷蔵庫で温度管理され、売れる時間帯を見計らって陳列することで新鮮な商品を提供する努力をしている。⑧
スーパーマーケットには、客に来てもらうためのたくさんの作戦がある。（多彩な商品を仕入れる、商品の品質を保つ、バックヤードで小分けや調理をする、売り場のレイアウトや陳列を工夫する、店員の服装を定める、売り場に案内表示をする、様々な客に対応するための設備、他）④〜⑦
スーパーマーケットには、毎日たくさんの客が来る。②
スーパーマーケットの野菜売り場には、曜日によって野菜の特設コーナーが作られる。それは、店員によって意図的に作られたものである。②
スーパーマーケットの刺身売り場は、時刻によって商品の量や様子が違う。①
用語・語句
・客のニーズ
・産地
・売り上げ
・バックヤード
・調理・加工
・陳列
・来客数
・仕入れ
・市場
・売り場
・商品の量

育てたい子供の姿

・店で働く人の仕事の様子や工夫を様々な視点から捉えることができる子ども。
・販売の仕事によって自分たちの生活が支えられていることを理解し，よりよい地域の人々との繋がりを考える子ども。

5 「主体的・対話的で深い学び」を促すための手立て

(1) 主体的な思考力・判断力・表現力を培う教材の工夫

①地域社会の特色を実感でき，地域社会に対する関心を高めることができる教材

スーパーマーケットの売り場の時間や曜日による比較を教材化する。子どもたちが日頃見ている売り場と異なる様子を提示することで，既知の事実とのズレに関心をもって学習を進めることができると考える。

②視点を変えて事象をとらえさせることができる教材

つかむ段階から調べる段階の第9時までは，販売者の視点からスーパーマーケットで働く人が取り組んでいる作戦について，調べを進めてわかったことをまとめていく。そして，調べる段階の最後の第10時に保護者をゲストティーチャーに招いて話を聞く場を設定することで，販売者の視点と消費者の視点を関連付けて考えさせたい。そのために，第9時までは販売者側，第10時では消費者側の視点から考えられる教材を工夫する。

③よりよい地域との関わりを考えるきっかけとなる教材

スーパーマーケットの店長さんは，地域の中での店の存在価値を大切にしている。「この地域にこの店があってよかった」「この店に自分たちの生活が支えられている」ということを十分に捉えられるよう，扱う教材を工夫する。さらに「ふかめる」では，自分たちが「地域に喜ばれる店づくり」の視点でアイディアを出し合うことで，店の人の工夫と自分たちの生活の繋がりについて深く考えられるようにしたい。

(2) 主体的な思考力・判断力・表現力を培う指導の工夫

①学習意欲を高める導入の工夫

つかむ段階では，魚売り場の様子や店の見取り図など共通の資料をもとに考えることから学習をスタートする。生活経験などにより差がつくことを避け，共通の驚きから学習を進められるようにする。

②学び合い，考えを深め合う場の設定

見学で得た情報は，班で共有する場を設定する。さらに，「たくさんのお客さんが来る秘密ベスト3」という形で情報を吟味させることで，価値判断を促す。また，最後に学級全体で発表することで，考えを広げたり整理したりできるようにする。

③地域社会に学び，課題に対してそれを解決しようと考え，表現できる場の設

定

ふかめる段階で，店長さんから「もっと喜んでもらえるスーパーマーケットにするための作戦を考えてほしい」というビデオレターから，学習してきたことを基に一人一人が作戦を考えていく。その後，全体の検討場面を経て，自分の考えを提案書という形で表現できる場を設定した。

(3) 主体的な思考力・判断力・表現力を培う評価の工夫

①学習感想の分析

各時間の学習課題を疑問形で提示し，正対するまとめを自分の言葉で記述させる。これを分析することで，学習内容の理解や思考を確認する。さらに，疑問や今後調べたいこと，感想なども記述させる。

②小単元を通してのふり返り

まとめる段階で学習問題に対する自分の考えをまとめた後，ふかめる段階で，話し合ったことを基にして，「もっと喜んでもらえるスーパーマーケットにするための作戦」について提案書という形でまとめる。提案書は学習してきたことを網羅的に表現するのではなく，調べてきたことから作戦を考え，根拠を明確にして表現する。その提案書から，中心概念をよりふかめることができたか評価する。

6　小単元の指導計画（全12時間）

	ねらい	○主な学習活動　・期待する子供の反応	□資料　※留意点　◇評価
つかむ	① 魚売り場の様子を通して，スーパーマーケットの仕事のようすに関心をもつ。	○家で刺身が食べたくなったときにどうしているか，話し合う。 ・お店に食べに行く。 ・魚屋に買いに行く。 ・スーパーマーケットに買いに行く。	※遠くまで行かなくても魚が手に入る小売店のよさに気付かせる。 ※保護者アンケートの実態から，地域ではスーパーマーケットで買う人が多いことを知らせる。
		スーパーマーケットの売り場は，どのようになっているのだろうか。	

つかむ		○魚売り場の写真を見て，気付いたことや疑問に思ったことを話し合う。 ・様々な種類や形状が売られている。（丸ごと，さく，盛り合わせなど） ・美味しそうに見える。 ・値段や産地，鮮度などをアピールしている。 ○別の時刻の写真と比較し，2枚の写真の順序と気付いたことや考えたことを話し合う。 ・商品の種類が変わっている。 ・商品の量が違う。 ・たくさん売れて減ったのだろう。 ・店員さんが商品を追加したのかもしれない。 ○学習のふり返りを書く。 ・スーパーの売り場はいつも同じだと思っていた。 ・どうして品物が増えたのだろう。  売り場をよく観察し，店員さんの話をよく聞く	□魚売り場の写真（2枚） 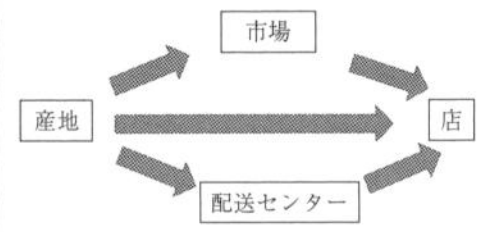 魚の仕入れの仕組み ※1枚目の写真は，細部までじっくりと観察させ，様々な気付きを出させる。 ※2枚目の写真は，子どもの既知の事実と違うものを用意し驚きを狙う。 ※比較の思考を促す。相違点，共通点，その要因。 □店員さんの話 **「刺身は，午前中よりも夕方４時ころに種類や数を増やします。」** ◇刺身売り場の様子からスーパーマーケットに関心をもち，意欲的に学習しようとしている。 【主体的に学習に取り組む態度】
	② 売り場の様子や来客数から問題を見出し，学習問題を設定する。	○時間により魚売り場の様子が変わっていたことをふり返る。 スーパーマーケットについて話し合い，学習問題をつくろう。	□前時の写真

つかむ		○特設野菜売り場の様子を見て，気付いたことを話し合う。 ・日曜にない売り場が月曜にはある。 ・100円セールと書いてある。 ・店員さんが売り場を作っている。 ○店員さんの話を読み，意図的に売り場を作っていることをとらえる。 ・店のイチオシの売り場である。 ・毎朝仕入れたものを，すぐに並べている。 ○毎日たくさんの客が来ることを知り，学習問題を設定する。 特設野菜売り場をよく観察する	□特設野菜売り場の写真（日曜日・月曜日） □店員さんの話 「その日の一押し商品は，特別に作った売り場に置きます。朝，市場から仕入れたら，すぐに並べられるようにしておきます。」 ※売り場の様子は，店員さんが意図的に行っていることをおさえる。
		スーパーマーケットの店員さんは，たくさんの人に来てもらうために，どのような作戦を立てているのだろうか。	
		○学習のふり返りを書く。 ・たくさんの客が来ていることに驚いた。 ・店員さんがどんな作戦を立てているのか調べたい。	□一日の来客数 □売り場の様子や来店者数から学習問題を見出そうとしている。 【思考・判断・表現】
	③ 予想をもとに，調べる計画を立てる。	学習問題を解決するためには，どのようなことを調べればよいだろうか。(学習計画)	
		○様々な売り場や店員さんの様子を見て，問題に対する予想を立てる。 ・いい商品（美味，新鮮など）を売ろうとしている。	□前時の予想（記録） □スーパーマーケットの見取り図 □店内の写真

<table>
<tr><td rowspan="1">つかむ</td><td></td><td>・安さやよさを伝えようとしている。
・楽に買い物できるようにしている。
・いろんな服装の店員がいる。
・並べ方にも秘密がありそう。

○学習計画（方法・内容）を立てる。
方法・スーパーに見学に行く。
・店員さんの話を聞く。
内容・商品の並べ方や表示
・商品の品質，種類，産地
・安全や清潔のために気をつけていること
・様々なサービス
・どんな仕事があるか
○学習のふり返りを書く。
・特に○○についてよく見ておきたい。たくさんの人が来るには，○○が大切だと思うから。
・家の人がいつも○○と言っているので，本当かどうか確かめたい。</td><td>※前時の思考（店員さんが意図的に）を活用して考えさせる。
※いい商品とはどのような商品か？など，具体的な思考を引き出すことで学習計画につなげる。

□店員さんの話
「たくさんの種類の魚を仕入れ，お客さんに選んでいただきたいという思いや，魚によってよりおいしい産地の物を買ってほしいという思いがあるからです。新鮮で安い物を届けられるように，毎日頑張っています。」

◇学習問題に対して予想を立て，学習計画（調べる内容・方法）を考えることができたか。
【思考・判断・表現】</td></tr>
<tr><td rowspan="2">調べる</td><td rowspan="2">④⑤
スーパーマーケットを見学し，店内や商品の様子，仕事の様子や内容について調べる。</td><td colspan="2">スーパーマーケットや店員さんには，どのような作戦があるのだろうか。</td></tr>
<tr><td>○スーパーマーケットを見学する。
・仕事の様子（レジ，陳列，調理，他）
・服装や身だしなみ
・売り場や並べ方の様子
・商品の様子
・バックヤードでの商品管理
・お客さんへのサービス
○店員さんにインタビューをする。
・見つけたことの理由
・働く人の思い，大変なこと，嬉しいこと，他</td><td>□スーパーマーケット見学

◇見学を通して，スーパーマーケットの様子や店員さんの工夫について調べることができたか。
【知識・技能】</td></tr>
</table>

		○学習のふり返りを書く。 ・予想していた以上に様々なことをしていた。 ・特に○○に驚いた。きっと～だからだと思う。	
調べる	⑥ スーパーマーケットで働く人々の工夫や努力を見出す。	スーパーマーケットや店員さんには，どんな作戦があっただろうか。 ○たくさんの客が来る理由（作戦）について，調べたことをもとに個人で考える。 ○たくさんの客が来る理由について話し合い，班で3つに絞る。 ・おいしそうに並べている。 ・冷蔵庫や冷凍庫で新鮮さを保っている。 ・肉や魚を店で切って，新鮮なまま並べる。 ・店員さんが交代で働いている。 ・ピカピカに掃除をしている。 ○学習のふり返りを書く。 ・たくさんの作戦の中でも，やはり○○が大切だと思う。～だから。 ・他の班はどんな3つを出すのか楽しみ。	□見学メモ（ノート） ※たくさん調べた中から数を絞らせることで，本当に大切なことは何か考えることができるようにする。 【思考・判断・表現】 ◇見学で集めた情報をもとに，集客のための工夫や努力（作戦）を整理する。 【知識・技能】
	⑦ スーパーマーケットで働く人々の工夫や努力を考える。	スーパーマーケットや店員さんには，どんな作戦があっただろうか。 ○班で3つに絞った作戦を，学級で共有する。 ・いい商品をそろえる作戦（新鮮さ・旬） ・安心して買い物できる作戦（品質・値段） ・買い物しやすく並べる作戦（売り場の配置・陳列） ・分かりやすい作戦（売り場表示） ・誰にでも優しい作戦（駐車場・エレベーター） ・店員さんがプロ作戦（売り場担当者） ○たくさんの作戦を立てている理由を考える。 ・お客さんにたくさん買ってほしい。 ・お客さんに気持ちよく買い物してほしい ・お客さんに安心して買い物してほしい。	※学級で共有することで，より多くの視点から店の工夫をとらえられるようにする。 □店員さんの話

<table>
<tr><td rowspan="3">調べる</td><td></td><td>○学習のふり返りを書く。
・店員さんは，様々な作戦を立てて実行している。
・作戦は，お客さんにいいものを買ってもらったり便利に買い物してもらったりするためである。</td><td>◇共有した集客の工夫をもとに，店員さんの工夫や努力やその意味を考えることができる。
【思考・判断・表現】</td></tr>
<tr><td>⑧
働く人々の工夫が各売り場に生かされていることを，具体的に理解する。</td><td colspan="2">店員さんの作戦は，魚売り場にどのように生かされているのだろうか。

○前時までに見つけた作戦をふり返る。
○魚が朝に納品され冷蔵庫で保管されていることを確認する。
・傷みやすいものは冷蔵庫に入れている。
・夕方に向けて，商品を増やしていく。
・魚は朝から入荷している。
○刺身売り場で，午後になると商品を増やす理由について考える。
・売る直前にさばいた方が新鮮な物を売れる。
・少しでも新鮮なものをお客さんに食べてほしい。
○学習のふり返りを書く。
・午後に刺身が増えるのには，理由があった。お客さんにいい商品を買ってもらえるように冷蔵庫に入れておいたりちょうどいい時間にさばいたりしている。

□鮮魚のバックヤードの写真
□刺身売り場の写真（1時のもの）
□店長さんの話
※前時までに見つけた作戦と資料を関連させて考えさせる。
◇集客のための店員さんの工夫や努力が各売り場に生かされていることを理解する。
【知識・技能】</td></tr>
<tr><td>⑨
豊富な品揃えは，国内各地や外国の商品が仕入れられることで実現していることを理解する。</td><td colspan="2">店員さんの作戦は，魚売り場にどのように生かされているのだろうか。

○魚売り場に様々な種類の魚があることに着目する。
・刺身だけでも何種類もある。
・刺身以外の魚もたくさんある。
○魚の産地を調べ，地図にまとめる。
・国内や海外など，様々な産地の魚がある。
・どうやってあちこちから運ぶのだろう。
・なぜ，様々な産地から魚を仕入れるのだろう。

□前時に話し合った内容（記録）
□見学時の写真
※商品の多様さや品質のよさから，様々な産地を選んでいることにも触れる。
□魚の産地（地図）
□店に魚が届くまで（図）</td></tr>
</table>

		○魚の仕入れの仕組みを知る。 ・配送センターからまとめて運ばれてくる。 ○様々な産地から魚を仕入れる意味を考える。 ・たくさんの種類の魚を売りたい。 ・それぞれにおいしい産地がある。 ○学習のふり返りを書く。 ・たくさんの商品は，日本や世界の各地から運ばれてきている。 ・様々な地域の魚を仕入れることで，お客さんは好きなものを選ぶことができる。	◇国内や海外の各地から商品が仕入れられ豊富な品揃えが実現していることを理解する。【知識・技能】
調べる	⑩ 集客の工夫に対する消費者の思いを調べ，自分たちの生活が支えられていることを考える。	店員さんの作戦は，本当に家の人に喜ばれているのだろうか。 ○自分たちで見つけた作戦を本当にお客さんが喜んでいるのか，ゲストティーチャーに確かめる。 ・エレベーターや駐車場は便利か ・旬のものや新鮮なものがあると買いたくなるか。 ・商品が見やすく並んでいると買いたくなるか。 ・関連商品が近くにあると便利だと思うか。 ・売り場の表示などがあるとわかりやすいか。 ○家の人の思いを聞き，消費者が様々な願いをもって買い物をしていることを知る。 ・家族に美味しくて安全なものを食べさせたい。 ・売り場が分かりやすいと便利。 ・遅い時間などにも買いに行かれると便利。 ○学習のふり返りを書く。 ・店員さんが考えていた作戦は，家の人がしてほしいと思っていることに合わせているのだとわかった。そのおかげで，家の人が便利に買い物をすることがで	□店の人の作戦（前時までの学習内容） □家の人（ゲストティーチャー） ※自分たちが見つけた作戦が本当にお客さんのためになっているのか，確かめさせる。 ※GTには具体的なエピソードを交えて質問に答えるよう事前に依頼する。 □家の人の話 ※話の内容については，GTと事前に打ち合わせをする。 □自分の家でも確かめることを課題とする。 ◇集客の工夫に対する客の思いについて調べることができる。

調べる		きるのだと思った。 ・自分の家の人もきっと色々なことを願って買い物をしていると思う。	【知識・技能】 ◇客の願いに店が応えることで自分たちの生活が支えられていることを考える。 【思考・判断・表現】
まとめる	⑪ 学習問題に対する自分の考えをまとめ，店の工夫の意味を理解する。	学習問題を解決しよう。 ○これまでの学習を振り返り，学習問題に対する自分の考えを書く。 ・よりよい商品を売るために，仕入れや保存方法，陳列のタイミングなど様々な工夫をしていた。 ・売り場の配置や並べ方も，買い物のしやすさを考えていた。 ・様々な作戦がお客さんに喜ばれていた。だから毎日たくさんのお客さんが来る。 ○記述した内容を交流する。 ○学習のふり返りを書く。 ・学習問題をみんなで解決できてよかった。 ・スーパーマーケットの店員さんはいっぱい作戦を立てていてすごいと思った。 ・学習したことを家の人に教えてあげたい。 ・これから感謝して買い物をしたい。	◇スーパーマーケットで働く人は，消費者の願いに応え様々な工夫をしていることを理解する。【知識・技能】
いかす	⑫ 学習したことを活用し，よりお客さんの願いに応えられる店の在り方について考える。	○店長さんの話を聞く。 ・地域の人に喜んでもらえるように頑張っている。 ・もっとお客さんに喜んでもらえる店にしたい。 ・どうしたらいいか，考えて欲しい。 もっとお客さんに喜んでもらえる店にするための作戦を立てて，店長さんに提案しよう。 ○どんな作戦があるか考え，ノートに書き出す。 ・もっと値段を安くする。	□店長さんからのメッセージ（映像）

いかす		・商品のよさをアピールするような表示をする。 ・店内の飾り付けを工夫する。 ・ポスターなどで店のよさをアピールする。 ・もっと営業時間を延長する。 ○考えた作戦を班で交流し，いいと思うものを班で2つに絞る。 ○各班の作戦を全体で交流し，どれがよさそうか話し合う。 ・値段を安くすると売上げ金が減って困るかもしれない。 ・ポスターを貼って新鮮さを知らせるだけなら簡単にできそう。 ・もっといろんなお客さんが便利になる方法を考えたらいい。 ○店長さんへの提案書を書く。	◇学んだことを活用し，客のニーズに対応した店づくりについて考えようとしている。 【主体的に学習に取り組む態度】

7　本時の指導（2/12時）

(1)　本時のねらい

・売り場の様子や来客数からスーパーマーケットの問題を見出し，学習問題を設定する。

(2)　本時の展開

	○主な学習活動　・期待する児童の反応	□資料　※留意点　◇評価
導入	○時間により魚売り場の様子が変わっていたことを振り返る。	□前時の写真
	スーパーマーケットについて話し合い，学習問題をつくろう。	
展開	○特設野菜売り場の様子を見て，気付いたことを話し合う。 ・日曜にない売り場が月曜にはある。 ・100円セールと書いてある。 ・店員さんが売り場を作っている。 ○店員さんの話を読み，意図的に売り場を作っていることをとらえる。	□特設野菜売り場の写真 （日曜日・月曜日） □店員さんの話 「その日の一押し商品は，特別に作った売り場に置きます。朝，市場から仕入れたら，すぐに並べら

展開	・店のイチオシの売り場である。 ・毎朝仕入れたものを，すぐに並べている。 ○毎日たくさんの客が来ることを知り，それぞれの考えを話し合って，学習問題について設定する。 ・こんなにたくさんの人が来るのはどうしてなのだろう。 ・きっと他にも作戦があるのではないか。 ・店員さんが作戦を立てているからたくさんお客さんが来るのだろう。	れるようにしておきます。」 ※売り場のは，店員さんが意図的に行っていることをおさえる。 □一日の来客数 ※資料から，疑問や予想を考えノートに書く。 【思考・判断・表現】 ◇売り場の様子や来店者数から学習問題を見出そうとしている。 【主体的に学習に取り組む態度】
	スーパーマーケットの店員さんは，たくさんの人に来てもらうために，どのような作戦を立てているのだろうか。	
終末	○学習のふり返りを書く。 ・たくさんの客が来ていることに驚いた。 ・店員さんがどんな作戦を立てているのか調べたい。	※次時への意欲につなげる。 【主体的に学習に取り組む態度】

(3) 板書計画

スーパーマーケットについて話し合い，学習問題をつくろう

日曜日の野菜売り場の写真

月曜日の野菜売り場の写真

2枚をくらべて
・アボカドが増えている。
・100円セールと書いている。

この日の「いちおし」をおいています。朝早く市場で仕入れた野菜を，すぐにならべています。

来客数がわかる図

スーパーマーケットにはたくさんの人が来ている。

学習問題　スーパーマーケットの店員さんは，たくさんのお客さんに来てもらうために，どのような作戦を立てているのだろう。

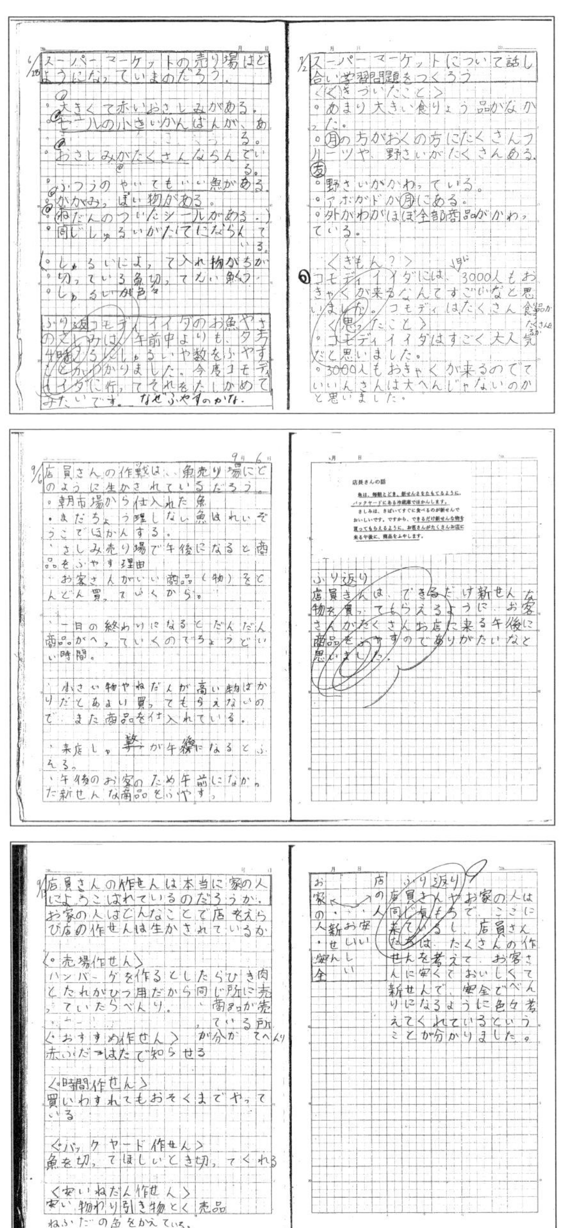

授業でスーパーマーケットに行き店の人の説明を聞き，売り場を観察して学んだ児童の感想

コラム

足で学び，足で稼ぐ社会科学習

社会科学習と他教科の大きな違いの一つに，社会生活そのものを学習対象にしていることが挙げられます。高学年になると学習対象が「我が国」となりますが，中学年の社会科では地域そのものが学習対象です。もちろん統計資料や地図資料などを使って学習する内容もありますが，可能な限り具体的に調査できる学習対象については，教室を出て学びの場を地域に求めることが大切です。

実際に学生に採ったアンケートで「小学校の社会科で印象に残っている学習は何ですか」との問いに対して，社会科見学，物づくり，体験などが圧倒的に上位を占めます。国語や算数の苦手な児童でも，地域に出かけたことで新たな発見をしたり，自分の考えや発想が学習に生かされたりする場面も数多くあります。児童の個性が発揮できるのもこうした学習です。

ハーバード大学が発表した「学びのピラミッド」でも，「講義」や「読み取り」などのインプット型の活動の定着率よりも，「見学」「体験」「グループ協議」「他者に教える」など，アウトプット型の活動の方が定着率は高いとされています。日本の教育でも以前より「聞いたことは忘れます　見たことは覚えています　したことは忘れません」という指導理念がありました。アクティブ・ラーニングがあらためて提唱されている今，社会科の学習特性を見直すことが大切でしょう。

課　題

1. 第3学年の社会科年間指導計画（第3章を参照）から，1単元を選び，本章を参考にして，指導案を作成しなさい。
2. 作成した指導案を基に，必要な教材・資料を収集し授業準備をしなさい。特に，45分間の本時の指導を見通して，教材・学習活動・板書などを構想し，模擬授業をしなさい。

参考文献

『江戸川区小松川小学校研究紀要』2020年

北俊夫著『社会科学力をつくる“知識の構造図”』明治図書，2011年
独立行政法人教職員支援機構『主体的・対話的で深い学びを拓く』学事出版，2018年
文部科学省『小学校学習指導要領（平成29年告示）解説　社会編』東洋館出版社，2018年

第7章

第４学年社会科の授業実践

第４学年の社会科は，今回の学習指導要領の改訂により，これまで「第３学年及び第４学年」と２学年をひとくくりしていた内容が，系統的･段階的に再整理され，「第３学年」「第４学年」と分けて示された（第６章を参照)。両学年ともに，地域の社会生活を学ぶ学習には変わりはないが，第４学年では「地域」の範囲が「自分たちが生活している県（都，道，府)」と明示されたこと，「観察･調査」をまとめて「調査活動」としたことなどが特色である。なお，第４学年では47都道府県の名称と位置を理解することが明示され，すべて漢字で表記できることが求められた。その後の学年でも，学習内容と関連付けながら，その都度，地図帳や地球儀などを使って確認するなどして，小学校卒業までに身に付け活用できるように工夫して指導することが「内容の取扱い」に示されている。

本章では前章に続き，これまでに述べてきた内容が第４学年の実践ではどのように活かされているかを具体的な指導案や実践事例を通して紹介する。

キーワード　都道府県における社会生活　県内の特色ある地域の様子　47都道府県の名称と位置

第1節　本実践の特色

1．学習指導要領との関連

新学習指導要領により，学年の第1単元として取り扱うことが指定された単元である。内容からみて，その後の学習の基盤となるので，学習対象となる都道府県の概要をつかむとともに，地理的な認識をもつためには大切な学習となる。例えば，「飲料水を供給する事業」では，水源地やダムのある他県の地理的位置を把握していることで，他県とのつながりがわかりやすい。

本単元では，中心資料として地図帳を積極的に活用することが求められる。その中で，基礎的な地図帳の使い方（地図記号，等高線，縮尺，索引）を指導することにも力を入れている。また，47都道府県は漢字で書けるように指導することとなった。国語科との関連を図り，進めていきたい。

2. ICTの活用

本実践は，ICT，ノートの活用を目指した実践である。1人1台配置されたタブレットの活用を志向している実践であるため，資料をどのように提示するかにも重点を置いている。まだ，模索段階であるが，指導案からその意図を読み取ることができれば，これからの社会科学習の在り方についても考察できる実践である。

3. チームによる実践と小単元の構成

今回の指導実践は，第2時，第4時，第5時を報告している。普通，研究授業では研究主題に沿った1時間を公開し授業について考えを深めるが，実践校では1学年3学級あり，同じ時間帯に同時に3学級の授業を公開しているため，3時間分の本時案が作成されていることが特色である。

第2節　指導の実際

第4学年　社会科学習指導案

令和○年○月○日（○）
○○区立○○小学校
第4学年○組　　○○名
指導者　　　○○○○

1　単元名　「都道府県の様子」～東京都の様子～（全6時間）

2　小単元の目標と観点別評価規準

(1)　小単元の目標

○理解・態度に関する目標

東京都の様子に関心をもち，全体の地形の特色と特色に基づいた地域ごとの土地の利用方法，交通網の様子について考え，東京都全体の様子について理解している。

○能力に関する目標

東京都の地形や土地利用，交通網の様子について地図帳や具体的な資料を活用したり，地図にまとめたりする活動を通して，東京都の特色を適切に表現している。

(2) 小単元の観点別評価規準

知識・技能	思考・判断・表現	主体的に学びに取り組む態度
・東京都の地理的位置と全体の地形や産業の概要，交通の様子，主な都市の位置を理解している。 ・視点に基づいて地図や資料を活用して，東京都の様子について必要な情報を集め，読み取っている。	・東京都の地理的位置，形や産業，特色ある地域の様子について問題や予想，学習計画を考え，表現している。 ・他県との関わりや位置関係を考えたり，都内の地域の特色を交互に比較したりして，自分たちが住んでいる東京都の特色を考え，適切に表現している。	・東京都の地理的位置，地形や産業，特色ある地域の様子，国内の他地域や国との関わりなどに関心をもち，意欲的に調べている。 ・自分たちの住んでいる東京都の特色やよさを考えようとしている。

3　小単元について

(1) 学習指導要領との関連

本単元は，以下に述べる『小学校学習指導要領（平成29年告示)』社会「第4学年の内容(1)」にあたる。

> (1) 都，道，府，県の様子について，学習の問題を追究・解決する活動を通して，次の事項を身に付けることができるように指導する。
> ア　次のような知識及び技能を身に付けること。
> (ア) 自分たちの県の地理的環境の概要を理解すること。また，47 都道府県の名称と位置を理解すること。
> (イ) 地図帳や各種の資料で調べ，白地図などにまとめること。
> イ　次のような思考力，判断力，表現力等を身に付けること。
> (ア) 我が国における自分たちの県の位置，県全体の地形や主な産業の分布，交通網や主な都市の位置などに着目して，県の様子を捉え，地理的環境の特色を考え，表現すること。

(2) 指導にあたって

本小単元は，東京都全体の様子について，地図を使って大まかな地形や交通，土地利用の特色を捉えることをねらいとしている。白地図を使い，東京都の地形の特徴について知った上で，資料を活用し地形に合った土地利用がされていることを捉えられるようにする。また，資料から東京都の交通網の特色を見つけ，人々が生活しやすくなるための工夫がされていることに気付けるようにする。自分たちが住んでいる地域と地形の関連を見つけたり，日頃活用している交通と資料を関連付けたりして自分たちの生活と東京都全体の様子について関連があることに気付き，理解を深めさせたい。

本小単元では，資料の提示，自分の考えを表現する際にタブレットPCを活用する。東京都が日本のどこに位置しているか，東京都の周りの県の位置はどうなっているか，バスや電車の交通網などを視覚的に提示することができ，児童の興味・関心を高められると考えた。タブレットPCを使うことで，一斉に児童の考えを共有することができ，自分と友だちの考えの共通点や相違点について気付くことができると考えた。そして，学習したことをもとに，新たに自分の考えを容易に示すことができるという良さがある。

4　児童の実態

本学年の児童は，第3学年の時に，「消防の仕事と人々の協力」，「警察の仕事と人々の協力」などについて学習してきた。「消防の仕事と人々の協力」では，学校の消防設備を調べたり火事が発生したときの関係諸機関の働きを調べ，疑問や不思議に思うことを出し合いながら学習を進めた。実際に消防署見学を行い，緊急車両の設備上の工夫や消火活動の際に身につける服の重さなど，消防士の工夫や努力を体験的に学習することができた。「警察の仕事と人々の協力」では，自分たちの生活の安全を守ってくれている警察や地域の人々の働きや努力を資料から調べる学習を行った。

各単元のまとめの段階では，今まで学習したことを「新聞」「ポスター」などの表現活動を取り入れ，「書く」ことを中心に自己の主張や意見を練り上げ，思い思いの形で表現することができた。

このように，児童は第3学年で扱う地域の社会的事象を追究することの面白さに気付き，興味関心をもち学習に取り組んできた。また，学習したことを様々な方法で表現し，まとめる経験を豊かにしてきた。しかしその一方で，他者と意見を交換したり，異なる意見を比較・統合したりすることで新しい価値観を創造したりする姿はまだ見られていない。

4年生の出発にあたり，ICT機器を有効活用することで，思考をより深め，確かな知識の獲得を目指して指導していきたい。

5　研究主題との関連

研究主題　　楽しく学び，知識・理解の質を高める指導の工夫
～学校図書館・ICT機器・ノートの活用を通して～

つかむ	調べる	まとめる
東京都の様子について関心をもち，資料を活用したり白地図にまとめたりして，意欲的に調べることができる子	東京都の地形や産業，交通などについて問題意識をもって追究し，東京都の特色について考えることができる子	東京都の特色について地図や写真などの基礎的資料を効果的に活用して具体的に調べ，調べたことや考えたことを目的に応じた方法でまとめることができる子

(1)　主体的な追究を促す教材の工夫

①タブレットPCの活用

・資料提示（「東京都の地図」，「東京都の土地の活用図」）で，各タブレットPCに資料配布し，タブレットPC付属のペンで書き込むことで，地図からわかったことを記入できるようにするとともに，拡大・縮小機能を利用しながら地図の細かい部分まで比較や検討ができるようにする。また，タブレットPCのカメラ機能を使って学習情報センターの本の画像を取り込むことで，効果的に学習を進めることができるようにする。

②大型テレビや大型スクリーンとタブレットPCの併用

・児童のタブレット操作（発表ノート）をリアルタイムで大型テレビや大型スクリーンに映すことで，児童が地図の中のどこを指して説明しているのかをわかりやすくし，学級全体で考えを正確かつ具体的に共有できるようにする。

③学習情報センターの活用

・学習情報センターの本や地域の図書館からの団体貸し出しの本を用意し，学習の中で児童が自分で本を選択できるようにすることで，児童の資料選択能力や資料活用能力の向上を図るとともに，児童自身の主体的な学びに繋げられるようにする。

(2) 問題解決的な学習活動の工夫

①学習の見通しをもつために「学習の流れ」を提示する。

・見通しをもって問題解決的な学習を進めるために，［学習問題］［めあて］［予想］［調べたこと］［わかったこと］［考えたこと］［まとめ］などの板書カードを提示する。

②単元を貫く学習問題を設定する。

・児童の話し合いから学習問題を作り，その学習問題に沿ってめあてを提示していくことで，単元の始めから終わりまで一貫して同じ課題を追究していけるようにする。

6 指導計画（6時間）

課程	ねらい	○主な学習活動 （本時の課題）	☆指導の工夫 ◎教材・資料 ◆評価【観点】（方法）
つかむ	①自分が住む東京都の学習について意欲をもつ。	○日本の形について確認する。 ○東京都の位置について確認し，東京都から見た47都道府県の位置について，八方位を使って表す。 ○都道府県の特色について，写真を見て確認する。 ○東京都の市区町村について知る。	☆写真が表している都道府県の位置について八方位を用いて確認させる。 ◆東京都の地理的位置に関心をもち，意欲的に調べている。 【主体的に学習に取り組む態度】（記述・発言）
	②東京都の地図を見て，特色について考え，学習問題をつくり，学習計画をたてる。	○東京都を紹介するには，どんなことを調べたらよいか話し合う。 ○東京都とその周辺地図から，わかったこと，考えたこと，気付いたことを発表し，学習問題をたてる。 ○地図帳を見て，東京都の特色について調べる学習計画をたてる。	◎留学生の手紙 ◎東京都とその周辺地図（ICT） ◎地図帳（東京都が詳しく載っているページ） ☆特色とは，土地の利用や土地の高低であることを写真資料から確認させる。 ◆東京都の地理的位置，地形や水産業，特色ある地域の様子について学習問題や予想，学習計画を考え，表現している。 【思考・判断・表現】（記述，発言）

調べる	③東京都の立体地図や地形図，地図帳を手がかりに，地形や土地の様子を調べる。	○東京都の地形図を見て，土地の高低について分かったことを話し合う。 ○東京都の土地の高低について，白地図にまとめる。	◎東京都の地形図 ◎地図帳 ☆東京都の白地図を使用して，高低差の特徴について理解しやすくする。 ◆東京都の地形図や地図帳を手がかりに，その地形の様子について理解している。 【知識・技能】 （観察，発言，記述）
	④東京都の地形や土地利用の様子を調べ，人々はその地形にあった土地利用をしていることに気付く。	○東京都の土地の使われ方を知るために，山地・丘陵地・台地・低地の写真の場所を提示し，東京都のどの場所か調べる。 ○東京都の土地の利用について，地形図と地図資料を見比べ，気付いたことをタブレットPC画面に書き表す。	◎低地・台地・丘陵地・山地の写真 ◎地図資料（東京都の土地の使われ方） ☆土地の様子と土地の利用のされ方の関係について，例を挙げて考えるようにする。 ◆東京都の地形と土地利用との関わりについて理解している。 【知識・技能】 （観察，発言，記述）
	⑤東京都の交通網について調べ，鉄道・道路・航空路・海路などが整備され，周りの県とつながっていることに気付く。	○写真を見て，東京都の交通について予想する。 ○東京都の交通網について調べ，わかったことや考えたことを発表する。 ○本時の課題に対する自分の考えをまとめる。	◎学習情報センターの本 ◎地域の図書館の団体貸し出しの本 ☆タブレットPCのカメラ機能を活用し，プロジェクターで映して共有することで，児童が比較したり，全体で共有したりしながら議論を活性化させることができるようにする。 ◆路線図や地図などの資料を活用して，東京都の交通について調べている。 【思考・判断・表現】（発言，記述）
まとめる	⑥学習問題に対するまとめを発表する。	○東京都の特徴について，整理してまとめる。 ○学習問題に対して，調べたことを関連付けて話し合い，考えをまとめて発	☆東京都の地形・産業・交通について考えることができるように視点を示し，前時までに書き込んだ地図や調べたことが書かれたノートを基にまとめさせるようにする。

まとめる		表する。	◆東京都の特色についてまとめ，表現している。 【思考・判断・表現】（記述）

7　本時（2/6時）の指導

(1) ねらい

東京都全体の様子について，地図を使って概観し，大まかな地形や交通，土地利用の特色を捉えることができる。

(2) 展開

	○主な学習活動 ・予想される児童の反応	☆指導の工夫　◎教材・資料 ◆評価【観点】（評価手法）
つかむ	○東京都の様々な場所の写真を見て，どこの都道府県かを考える。 ・山がたくさんあるから，山梨県かな。 ・島だから，沖縄県かな。 ○写真の場所が全て東京都であることを知る。 ○○○小の4年生に，外国の人から手紙が届いたことを知る。 ・私たちが，外国の人に東京のまちを教えてあげたい。 ・東京都を教えてあげたいけど，知らないことがたくさんありそう。	◎山の多い地域・島・建物の多い地域の写真を見せる。 ☆写真がすべて東京都であることを伝える。 ◎留学生からの手紙 留学生であり，いずれ日本に住みたいと思っているが，東京についてよく知らない。東京の特色について教えてほしい。
	本時の課題　東京都のどんなところを紹介するか考えよう。	
調べる	○東京都の特色を紹介するには，どんなことを調べたらよいか，発表する。 ・観光 ○3年生の時に学習した，○○区の特色について振り返りをする。 ・交通について調べたね。 ・土地のようすについても調べたよ。 ○東京都とその周辺の県が載っている地図を見て，わかったこと，考えたこと，疑問に思ったことを発表する。	☆「住むためには，どんな情報を伝えたらよいか」という視点で発表する。 ☆3年生の時に学習した地図をテレビで見せ，視点をもたせる。 ◎紙で地図を配付する。 ☆児童が発表した内容をグループ化して板書をする。

	・東京都の西側にある山梨県は，山が多い。 ・東京都は，他の県と比べて都の西側半分が山になっている。 ・山の多い場所や島は，どのような特色があるのだろう。 ○東京都各地の写真を見て，分かったこと，考えたこと，疑問に思ったことを発表する。 ・交通について ・土地の使われ方について ○学習問題をつくる。	◎東京都各地の写真をタブレットで配布する。 ◆東京都の地理的位置，地形や産業，特色ある地域の様子について学習問題や予想，学習計画を考え，表現している。 【思考・判断・表現】
	学習問題　東京都の地形や土地の使われ方には，どのような特色があるのでしょうか。	
	○学習計画をたてる。	
まとめる	○これからの学習について，まとめる。 ・地形，村，島 ・土地の使われ方 ・交通	☆学習問題と学習計画について，再度クラス全体で確認し，これからの学習について意欲を高める。 【主体的に学習に取り組む態度】

8　本時（4/6時）の指導

(1)　ねらい

東京都の立体地図や地形図や地図帳を手がかりに，地形や土地利用の様子について調べ，人々はその地形にあった土地利用をしていることに気付く。

(2)　展開

	○主な学習活動 ・予想される児童の反応	☆指導の工夫　◎教材・資料 ◆評価【観点】（評価手法）
つかむ	学習問題　東京都の地形や土地の使われ方には，どのような特色があるのでしょうか。	
	本時の課題　　東京都の土地の使われ方はどのようになっているのだろう。	
	○4枚の写真の場所は東京都のどの場所か予想する。 ・周りに山が見られる場所は，東京都の西側だと思う。	◎山地・丘陵地・台地・低地の写真

	・橋や船が見られる場所は，東京都の東側だと思う。	
調べる	○それぞれの場所の特徴について調べたことを地図資料に書き込み，わかったことや考えたことを発表する。 ・山地には自然が多く，森林を育てている。 ・山地には住宅地や商業地があまり見られない。 ・丘陵地・台地・低地に住宅が多く見られる。 ・丘陵地は，野菜畑やくだもの畑として使われている。 ・低地は商業地として使われている。 ・東京湾には，埋め立て地がある。 ・住宅地の周りには，公園緑地がまばらにある。	◎東京都の地形図 ◎地図資料（東京都の土地の使われ方） ☆調べたことをタブレットPCの地図資料に書き込み，テレビ画面に映して情報を共有する。 ☆土地の様子と土地の利用のされ方の関係について，例を挙げて考えるようにする。 ◆地図資料を活用して，東京都の土地の使われ方について調べている。 【知識・技能】 （発言，記述）
まとめる	○東京都の土地の利用についてまとめる。 ・東京都は，地形によって土地の使われ方がちがう。 ・それぞれの土地のよさを生かして，適した土地の使い方をしている。	◆東京都の地形と土地利用との関わりについて理解している。 【知識・技能】 （発言，記述）

9　本時（5/6時）の指導

(1)　ねらい

東京都の交通網について調べ，鉄道・道路・航空路・海路などが整備され，周りの県とつながっていることに気づく。

(2) 展開

	○主な学習活動 ・予想される児童の反応	☆指導の工夫　◎教材・資料 ◆評価【観点】(評価手法)
つかむ	学習問題　東京都の地形や土地の使われ方には，どのような特色があるのでしょうか。 本時の課題　東京都の交通は，どのようになっているのだろう。 ○東京都の交通について予想する。 ・鉄道・道路・航空路・海路がありそうだ。 ・都心部に近付くほど交通が密になっているのではないか。	
調べる	○東京都の交通網について調べ，わかったことや考えたことを発表する。 ・23区には地下鉄が張り巡らされている。 ・飛行機・電車・高速道路でいろいろな場所へ行ける。 ・JRや地下鉄，その他の私鉄は，都心部とその周りを結ぶように走っている。 ・高速道路も網目のように広がって，周りの県につながっている。 ・島とは船や飛行機で結ばれている。 ・私たちの生活は，たくさんの乗り物と交通機関によって支えられている。	◎学習情報センターの本 ◎団体貸し出しの本 ☆タブレットPCのカメラ機能を活用し，関連するページの写真を撮り，プロジェクターで映して共有することで，児童が比較したり，全体で共有したりしながら議論を活性化させることができるようにする。 ☆交通網が整備されていることによって，どのような点が便利なのか考えるようにする。 ◆路線図や地図などの資料を活用して，東京都の交通について調べている。 【思考・判断・表現】 (発言，記述)
まとめる	○本時の課題に対する自分の考えをまとめる。 ・東京都の交通網は，鉄道・道路・航空路・海路などが整備され，周りの県とつながっている。 ・私たちの生活は，たくさんの乗り物と交通機関によって支えられている。	☆学習してわかったことを自分の言葉で書くことができるように言葉掛けをする。 ◆東京都の交通が整備されていることを捉えている。 【知識・技能】 (発言，記述)

大型テレビや電子黒板などを活用した学習

PCやタブレットを使って学ぶ子どもたち

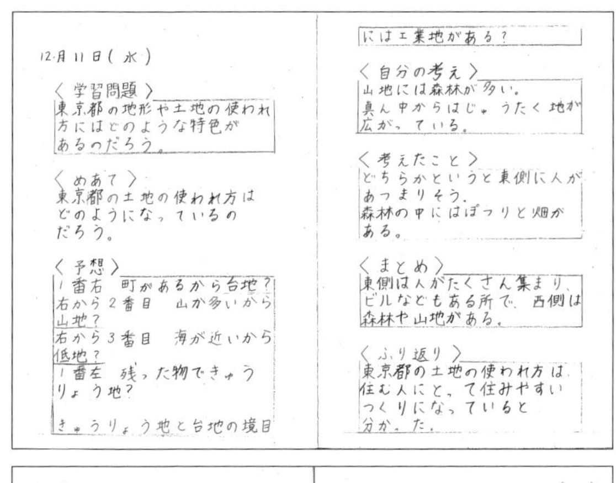
12月11日(水)
〈学習問題〉
東京都の地形や土地の使われ方にはどのような特色があるのだろう。
〈めあて〉
東京都の土地の使われ方はどのようになっているのだろう。
〈予想〉
1番右　町があるから台地？
右から2番目　山が多いから山地？
右から3番目　海が近いから低地？
1番左　残った物できゅうりょう地？
きゅうりょう地と台地の境目
には工業地がある？
〈自分の考え〉
山地には森林が多い。
真ん中からはじゅうたく地が広がっている。
〈考えたこと〉
どちらかというと東側に人があつまりそう。
森林の中にはぽつりと畑がある。
〈まとめ〉
東側は人がたくさん集まり、ビルなどもある所で、西側は森林や山地がある。
〈ふり返り〉
東京都の土地の使われ方は住む人にとって住みやすいつくりになっていると分かった。

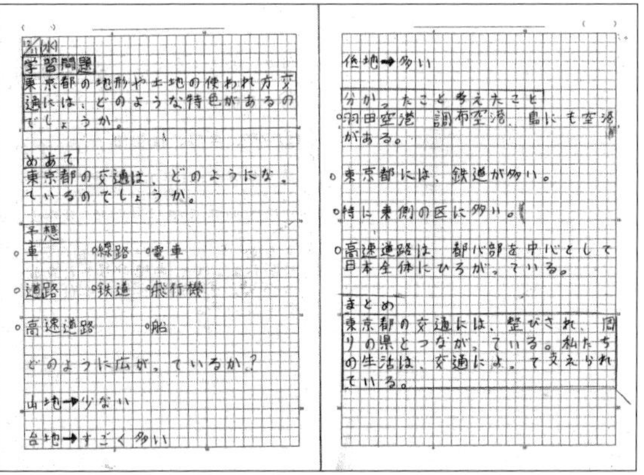
学習問題
東京都の地形や土地の使われ方交通には、どのような特色があるのでしょうか。
めあて
東京都の交通は、どのようになっているのでしょうか。
予想
○車　○線路　○電車
○道路　○鉄道　○飛行機
○高速道路　○船
どのように広がっているか？
山地→少ない
台地→すごく多い
低地→多い
分かったこと考えたこと
○羽田空港、調布空港、島にも空港がある。
○東京都には、鉄道が多い。
○特に東側の区に多い。
○高速道路は、都心部を中心として日本全体にひろがっている。
まとめ
東京都の交通には、整びされ、周りの県とつながっている。私たちの生活は、交通によって支えられている。

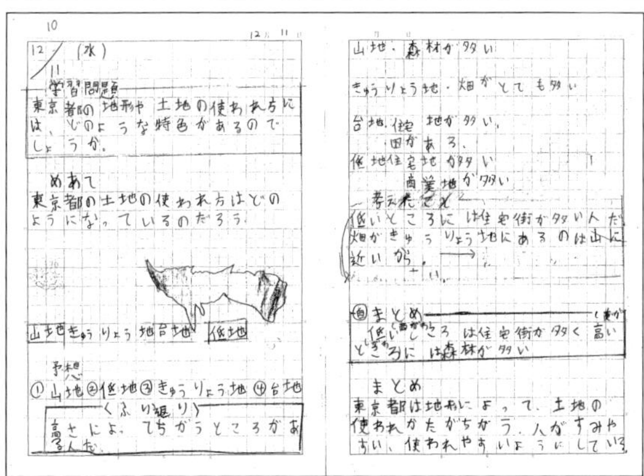
12/11(水)
学習問題
東京都の地形や土地の使われ方には、どのような特色があるのでしょうか。
めあて
東京都の土地の使われ方はどのようになっているのだろう。
山地　きゅうりょう地　台地　低地
予想
①山地②低地③きゅうりょう地④台地
〈ふり返り〉
高さによってちがうところがあるんだ。
山地、森林が多い
きゅうりょう地・畑がとても多い
台地　住宅地が多い。
田がある。
低地　住宅地が多い
商業地が多い
考えたこと
低いところには住宅街が多い。畑がきゅうりょう地にあるのは山に近いから。
まとめ
低いところは住宅街が多く高いところには森林が多い
まとめ
東京都は地形によって、土地の使われかたがちがう。人がすみやすい、使われやすいようにしている。

テーマを考えるノート。自分なりに予想して結論を導き出す。最後に理解したことをまとめる

コラム

学級崩壊を起こさせない落ち着いた学級づくり7箇条

学級担任をしている若手教師がいちばん気にしていることに，学級の乱れ，深刻になると学級崩壊と呼ばれる危機に陥ることがあります。教師として次のことに気をつけて子どもと向き合ってください。続けることで改善に向かうことがあります。

1. 適切な指示を出す【子どもは同時に3つのカバンは持てない】
   指示が足りなかったり多過ぎたりなど，適切な指示でないと子どもは落ち着かなくなる。指示の内容に一貫性があり，行動に見通しがもてるようにする。
2. 教師の声の大きさや話す速さが大きく影響する【教師は役者であれ】
   教師が大きすぎる声で指示を出していたり，早すぎたりすると落ち着かなくなる。
3. 給食時のしつけをしっかりする【給食を制する者は，学級を制す】
   しつけの原則は食事から始まる。給食の準備，配膳，食事，片付けをいい加減にせず，自立と自己責任の原則をきちんとしつけること。
4. ルールを守るという原則を徹底する【自分だけは許されるという気持ちを捨てさせる】
   「ルールを守ることによってあなたは守られている」というメッセージを伝え続ける。「学校は集団生活するところ」という原則を指導すること。
5. 教師が集団を動かす指導法を身に付ける【全体指導のできない者に個別指導はできない】
   子ども一人ひとりと良い関係が築けることは最低限の教師の資質。
6. 「しかる」より「ほめる」ことを多くする【承認の欲求を満たすことから始める】
   ほめることによって自己肯定感をもたせる。ただし，「人間として許されないこと」「ダメなことはダメ」ときちんと伝えること。
7. 子どもは先生を試す時期があるので規範をブレさせない【言ったことは最後まで】
   怒るのではなく，きちんと規範の基準を知らせる。指示したことは全員ができるまで待つ。指導す　る。曖昧にしたままで次に進むと後で取り返しのつかないことになる。

課　題

1. 第4学年の社会科年間指導計画（第3章参照）から，1単元を選び，本章を参考にして，指導案を作成しなさい。
2. 作成した指導案を基に，必要な教材・資料を収集し授業準備をしなさい。特に，45分間の本時の指導を見通して，教材・学習活動・板書などを構想し，模擬授業をしなさい。

参考文献

『教科指導法シリーズ小学校指導法　社会』玉川大学出版部，2011年
東京都小学校社会科研究会編『社会科指導計画（第三次）』2020年
『豊島区立豊成小学校研究紀要』2020年
文部科学省『小学校学習指導要領（平成29年告示）解説　社会編』東洋館出版社，2018年

第8章

第５学年社会科の授業実践

第５学年では，我が国の国土の地理的環境の特色や産業の現状，社会の情報化と産業の関わりについて国民生活との関連を踏まえて学習する。そして，多角的な思考や理解を通して，国土に対する愛情，産業の発展を願い我が国の将来を担う国民として自覚を養うことをねらいとしている。

キーワード　我が国の国土と産業の様子　資料活用の力　話し合い活動　豊かな国民生活

第１節　第5学年の学習のねらいと改訂のポイント

1．知識の視点から

子どもたちが次のことを学習して，得られた知識をもとに国民生活との関わりについて理解できるようにすることをねらいとしている。

・我が国の国土の位置や領土の範囲などの地理的環境の特色，自然災害と自然条件との関連，森林資源が国土保全に重要な役割を果たしていることや公害から国民生活を守ることの大切さなど。

・農業や水産業における食料生産や工業生産の概要と食料生産や工業生産を支える人々の工夫や努力，食料や工業製品が国民生活を支えていることなど。

・放送，新聞などの産業は国民生活に大きな影響を及ぼしていることや，大量の情報や情報通信技術の活用は様々な産業を発展させ国民生活を支えていることなど。

2．育てたい思考力，判断力，表現力の視点から

・子どもたちに，複数の立場や意見を踏まえて，学習したことについて，多角的に考える力を養う。
・社会に見られる課題を把握して，その解決に向けて，自分なりに社会への関わり方を選択・判断する力を養う。
・学習の中で，社会的事象の特色や相互の関連や意味について自分なりに考えたことや社会との関わり方について選択・判断したことをわかりやすく説明したり，根拠や理由などを明確にして議論したりする力を養う。

3．学習指導の内容としてのポイント

(1) 領土の範囲について

・我が国の領土の範囲について理解するようにするとともに，竹島や北方領土，尖閣諸島が我が国固有の領土であることに触れるようにする。

(2)「食料生産を支えていることを理解する」について

・農業や水産業の盛んな地域の人々が，新鮮で良質な物を生産し出荷するために生産性や品質を高めるなど様々な工夫や努力を行っていること。
・生産し，販売する工程で費用が発生することや輸送方法や販売方法を工夫することにより収益を上げていることなどにも触れ，食料生産に関わる人々の工夫や努力ついて理解すること。

(3)「貿易や運輸」に関することについて

・交通網の広がり，外国との関わりなどに着目して，貿易や運輸の様子について地図帳や地球儀，各種の資料で調べ，理解する。そして貿易や運輸の役割を考え，貿易や運輸は，原材料の確保や製品の販売などに通して，工業生産を支える重要な役割を果たしていることを理解できるようにする。

(4)「我が国の産業と情報との関わり」について

「情報を生かして発展する産業」を取り上げ，「販売，運輸，観光，医療，福祉などに関わる産業の中から選択してその様子や役割などを理解するようにしている。

(5)「資源の働き及び自然災害の防止」について

国土の保全について，「自然災害に関する内容」と「森林に関する内容」とに分けて学習するようにしている。

4. 学習指導の工夫のポイント

(1) 子供の資料活用の能力を高めるために

5年の社会科の学習では，学習の範囲が，子どもにとって身近な地域や市，県から広がって，我が国全体，あるいは世界となる。そのため子どもが学習する際，資料を活用しながら進めることが多くなる。

社会科の学習では，教材（資料）が重要なものとなっている。教材の良し悪しで学習が左右され，指導者が魅力的な教材（資料）を開発し，その教材を効果的に活用して学習を進めることが求められる。そして，指導者はそのような学習を展開することによって，子どもたちの資料活用の能力を高めることにつながる。

そのため，つぎのようなことを心がけたい。

ア　子どもの資料を読み取ったり解釈したりする力は，資料を示すだけでは身に付くものでない。指導者が資料の見方の指導を学習の展開の中で位置付けることが大切になる。

イ　子どもに提示した資料からどのような情報を読み取らせるのか，そして，子どもが読み取ったことからその資料の意味をどのように解釈するのかということを指導者がしっかりと意識しておくことがポイントとなる。

　今回の学習指導要領の改訂のなかで，議論する力を養うことが求められている。子どもたちに議論する力を育てるためには，自分の考えたことの根拠や理由を明確に表現できる力を育てることが求められる。そのため，資料から読み取った情報とそのことから社会的事象が持つ意味について考えたことを明確に区別して表現させることが重要である。

　資料を提示して子どもから様々な気がついたことや考えたことが活発に挙げられても，読み取ったことと考えたこと（解釈したこと）が整理されていなければ，問題解決の追究は深まらない。

ウ　指導者から一方的に資料を提示しても，子どもにとって必要感がなければ，子供が主体となった学習にはならない。子供の課題追究意欲を高める資料の提示の仕方を工夫するとともに，子供が主体的に資料を収集，選択する力を育てることが大切となる。

エ　地図帳は，位置や空間的な広がりに着目して社会的事象を捉える見方・考え方を養うことができる教材である。

日常の指導の中で，折に触れて，地図の見方や地図の索引の引き方，統計資料の活用の仕方などを指導し，地図帳を自由自在に活用できる知識や技能を身に付けるようにすることが大事である。また，子どもたちが地図帳への親しみをもち，問題解決のための教材として効果的に活用できる技能や意欲を育てるようにしたい。

(2) 話し合い活動の充実のために

社会科の授業では，「みんなで話し合って問題解決に向かう」学び合いが重要といわれている。話し合いを通して，自分と友達との考えの共通性や相違点を明確にして，自分の考えを深めたり，補ったりして，より確かな考えをつくることができるからである。

ア　話し合い活動について

①児童相互の１対１の対話

「話す」「聞く」相互に行われる。対象が１人ということで，相手の話をよく聞くようになる。指導者として，話す事柄について具体的指示を出すことが求められる。

②グループでの話し合い

まずは，司会を決めることが必要になる。時に主張が強い子がなることも考えられるので，司会の仕方や話し合うテーマを明確にして活動を進めることが大切になる。そして，一人一人がそれぞれの考えを発表する機会を確保してあげるとともに「どのようにまとめのか」といったことを確認して進めるようにすることが必要である。

③学級全体での話し合い

担任は，結論を急ぐことなく，子どもたちが互いに意見の内容を理解し合えるようにする。

そのために，

・考えを伝えあう中で，いろいろな意見があることに気付かせる。

・考えの根拠や前提条件の違いなどに気付かせる。
・考えの異同を整理して，自分の考えや学級全体の意見を発展させるようにする。

イ　担任が司会者となった時
・子どもの発言に対して，問い返すようにする。例えば，「なぜ，そう思うの？」「つまり」など子どもの発言を補ってあげるような助言を行う。
また，できるだけ文章の形で発表させるようにしたい。
・司会というよりは，コーディネーターとして，子ども同士の発言をつなぐようにすることが大切である。例えば，「今の意見について，どう思いましたか？」などほかの子の意見を引き出すようにしたい。

このような話し合い活動を充実させ，子ども一人ひとりの考えを確かなものにしていくことによって，わかったことを基にその先のことを子どもに考えさせるようにしたい。

第2節　指導の実際

1　小単元名　「森林を守る人々」(全8時間)

2　小単元の学習のねらい

この小単元の学習では，森林資源の育成・保護に向けた取り組みについて調べ，国民一人一人の協力の必要性について考えることをねらいとしている。我が国の森林は，外国産材の輸入，生活環境の変化によって，国産木材の活用が進まず，林業従事者の減少傾向が続いている。そのため，手入れが行き届かなくなる森林が増え，良質な木材を生み出すことや環境を保全する働きが弱くなっている。国民一人ひとりの森林への関心の低さも大きな問題となっている。

そこで，子どもたちの関心を高めるために，東京都の森林を取り上げることとする。自分たちが住んでいる東京都で，国土保全のために森林を守る取り組みを調べていくことで，森林を守る人々の活動に共感し，私たちが生活を支えられていることを考えられるようにする。

3　小単元の目標

国土の保全や水資源の涵養(かんよう)，地球温暖化の抑制など，人々の生活によって重要な役割を果たしている森林資源を守るため，様々な取り組みがあることを捉えるとともに，自分たちが環境を守るためにできる取り組みや心がけについて考えさせる。

4　観点別評価規準

知識・理解	思考・判断・表現	主体的に学習に向かう態度
①国土の保全や水資源の涵養，地球温暖化の抑制といった森林資源のはたらきを理解している。人々の生活との密接なつながりや森林保全の大切さについて理解している。 ②林業家が森林の育成や保護に従事していることについて理解している。 ③国や都道府県も，林業家と協力して森林の育成や保護に従事していることについて理解している。 ④企業や市民団体も，林業家と協力して森林の育成や保護に従事していることについて理解している。	①森林資源の現状から，森林資源の働きや人々の生活との結びつきについて調べる学習問題を考え，表現している。 ②国土の森林資源と人々の生活とが密接なつながりをもっていることや，森林資源を守ることの大切さについて考え，適切に表現している。	①森林や木工製品と，自分たちの生活との結びつきに関心をもち，意欲的に調べようとしている。 ②国土の森林資源を守っていくことに関心をもち，これからの取り組みについて考えようとしている。

5　育てたい子どもの姿

(1)「森林資源が国土保全や国民生活を支える重要な役割を果たしていることを理解する子ども」

国土を占める森林面積の割合が高く，森林は国土の保全や水源の涵養などに大切な働きをしていることを理解する。また，天然林と人工林のちがい，保護の仕方のちがいなどにも目を向ける。そしてその森林の育成や保護に従事している人々の様々な取り組みにより維持・管理されていることを理解する。

(2)「森林資源を保護・活用することの大切さに気づく子ども」

林業家をはじめ，国・都道府県・企業・市民団体等が，様々な形で森林を守ったり活用したりして，一般の人に関心をもってもらえるように努めている。

(3)「自ら森林保全に関わろうとする子ども」

社会の一員としてこの問題に向き合い，森林環境税をどのような意識で納めていくのか考えていく活動を通して，自ら森林保全に協力していこうとする。

6　授業実践表

	ねらい	○主な学習活動・予想される児童の反応	□留意点◎資料【評価】
つかむ	①私たちの生活において木や森林が様々な場面で密接に関わっていることに関心をもつとともに，日本の森林の分布について理解する。	○身の回りにはどんな木製品があるのか想起する。 ・橋や家具などに利用している。 ・バーベキューやキャンプで薪として使った。 ○日本の国土に占める森林の割合や森林の様子を調べる。 ・国土の3分の2が森林で森林全体の約4割が人工林である。 ・森林率が先進国の中では第3位。 （フィンランド，スウェーデンに次ぐ） ・写真で見ると，緑が多い。 ○天然林と人工林についての資料を見て，そのちがいを調べる。 ・天然林が約5割，人工林が約4割広がっている。 ・人工林は，スギやヒノキのような針葉樹が多い。 ・天然林は広葉樹が多く，国立公園や世界遺産として登録するなどして守っている。	◎川場移動教室での飯盒炊さん（写真） □世界の森林率の平均は約30％であることを伝え，日本の森林率の高さを実感させる。 ◎日本の国土の衛星写真 ◎天然林（写真） ◎人工林（写真） ◎天然林と人工林のちがいをまとめた表 【関心–①】
	②森林の働きを調べ，日本の森林の役割を理解する。	○森林の働きや役割について調べる。 ・動物のすみかになっている。 ・水をきれいにする。 ・土砂くずれを防ぐ。 ○ヒノキの端材に触れて感想を交流する。 ・木の香りを嗅ぐと，落ち着く。 ・年輪が多く，育つのに長い年月がかかりそう。	◎森林の働き（図） ◎ヒノキの端材 □香りや色についての感想を交流することで，人の情緒的な面での森林の役割を確認させる。 ◎九州北部豪雨の様子（写真） □手入れされていない森林が増えたことで，被

		○九州北部豪雨の被害状況について調べる。 ・荒れた森林であったところは，土砂くずれや大量の流木が散乱し，被害が拡大した。 ・手入れされていた森林は，森林が保水機能を果たしたことで土砂崩れを起こさずに，大きな被害はなかった。	害が大きくなった災害であったことを気付かせる。 ◎死んでしまった森林（写真）
		○手入れされていない人工林の割合を調べる。	□地図に色を変えて示し，森林の現状を理解させる。 【知識-①】
つかむ	③森林はどのようにして荒廃してきたのか調べ，日本の森林が抱える問題点に気付き，学習問題をつくる。	○年表から日本の森林の様子の変化を読み取る。 ・第二次世界大戦後，森林は荒廃していた。 ・戦後には木材が大量に必要だったが，日本にはなかったため，関税をなくし輸入に頼るようになった。 ・戦後の時に比べ，どんどん林業家が減ってきている。 ・手入れの行き届いていない森林は増加してきた。	◎森林の変化（年表） □年表から荒れた人工林が増えてきた歴史的背景を理解させる。
		○東京都の森林について調べる。 ・東京都の約４割は森林である。 ・東京都は人工林が多く，手入れが必要な森林がとても多い。	◎元水源林保全作業従事者の神棒さんの作業風景（写真）
		○東京都の森林を守っている人がいることを理解する。 ・東京都では，水道局の人が安全な国民生活の維持のために，森林を管理している。 ○森林の現状を知り，疑問や考えたことを話し合い，学習問題を立てる。 〈現状〉 ・荒れている人工林が増えている。 ・森林を管理する人が減っている。 〈疑問や考え〉 ・森林はこれからどうなってしまうのか。 ・森林を手入れしている人は，他にどんな	◎手入れされた人工林（写真） ◎手入れされていない人工林（写真） ◎荒れている人工林割合の変化（グラフ） ◎荒れた森林の広さ（地図） □手入れされていない森林がもたらす影響を想起させ，問題意識を高めさせる。 【思考-①】

		人がいるのか。また，どんな思いで取り組んでいるのか。	
		〈学習問題〉 森林が荒れている中，森林を守るためにだれがどのような取り組みをしているのだろうか。	
つかむ		○学習計画を立てる。 ・国土を守っていくために，だれがどのように森林をつくり，育てているのだろう。 ・林業家と国・東京都は森林を保全するために，どのような工夫や努力をしているのだろう。 ・林業家と企業，市民は森林を保全するために，どのような工夫や協力をしているのだろう。 ・森林を保全するために私たちにはどんなことができるのだろう。	
	④林業家が森を育成，保護している仕事について調べる。	○林業の仕事について調べる。 ・植栽，下草刈り，除伐，枝打ち，間伐，主伐，搬出を行っている。 ・森林を育てるには，50～60年という長い期間をかける必要がある。 ・木を一本育てるには，親・子・孫の代まで3世代続くため，未来のことを考えて作業を行う必要がある。 ・東京都では，都有林が21％，私有林が73％を占める。 ・林業家が減少してきている。 ○林業家の取り組みについて，現状でうまくいっている部分と課題の部分を表にまとめる。	◎林業家の仕事 ◎林業家の中島さんの思い □これまで調べたことから森林保全の取り組みの成果と課題を表にまとめることで，一部の人が努力するだけでは限界があることに気付かせる。 【知識−②】

<table>
<tr>
<td rowspan="2">つかむ</td>
<td></td>
<td>
<table>
<tr><th>うまくいっている点</th><th>課題点</th></tr>
<tr>
<td>・下草刈り，枝打ちなどを適切に処理することで良質な木材ができている。
・機械が出てきたことで，少ない人数でも仕事ができるようになった。</td>
<td>・木材を売っても3000円にしかならない。運び出すための道の整備，手間，時間などを考慮すると，赤字にしかならない。
・林業家が減少して荒れた森林が増えている。</td>
</tr>
</table>
</td>
<td></td>
</tr>
<tr>
<td>⑤国や都が中心となって，森林を保護・育成する取り組みを調べる。</td>
<td>○東京都水道局の「水源林保全作業」について調べる。
・東京都水道局からどの木を何本伐ったらよいか等の指示に従って，委託された会社が木を伐って森林を守っている。
・保水機能を高めるために，不要な木は伐るが木を売ることが目的ではないため，切り捨て間伐も多くある。

○その他の国や都による森林を保護・育成する取り組みを調べる。
・国は「緑の雇用事業」を行って，未経験者でも林業に携われるように講習や研修を行っている。
・東京都では，「とうきょう林業サポート隊」を行い，林業ボランティアを募り，林業体験活動を行っている。
・東京都では，花粉症対策として花粉の多い古い木を伐って花粉の少ない木を植えて，森林の循環を進めようとしている。
・東京都では木育を進め，都民に多摩産材の利用に関心をもってもらおうとしている。</td>
<td>◎水源林保全作業標準図（文書）
◎元水源林保全作業従事者の神棒さんの思い

◎多摩産材を活用している建物（写真）

□これまで調べたことから森林保全の取り組みの成果と課題を表にまとめることで，一部の人が努力するだけでは限界があることに気付かせる。
【知識−③】</td>
</tr>
</table>

<table>
<tr>
<td rowspan="2">つかむ</td>
<td></td>
<td>
<table>
<tr><th>うまくいっている点</th><th>課題点</th></tr>
<tr><td>・林業体験を積極的に行っていくことで，将来林業を担う人材の育成を行っている。
・国土保全のために，多くの人がボランティア活動を行っている。</td><td>・水源林保全の観点からは，木を運び出すと利益はないので，切り捨て間伐が多くある。
・多摩産材の活用を推し進めているが，価格が高い。</td></tr>
</table>
</td>
<td></td>
</tr>
<tr>
<td>⑥企業や市民が中心となって，森林を保護・育成する取り組みを調べる。</td>
<td>○企業，市民による森林を保全する取り組みや支援する取り組みを調べる。
・「企業の森」では，企業が森林を保全するためにかかる費用を出したり，社員の方が植林をしたりしている。
・「東京チェンソーズ」は，小金井市の工務店と協力して地産地消にこだわって，製材・工務店・建築士などが一体となった「TOKYO WOOD」の取り組みを立ち上げ，独自で販売ルートをつくった。
・「青梅りんけん」は，里山を憩いの場所として整備していくことで地元の人々に森林に関心をもってもらおうと努めている。
○企業や市民団体の取り組みについて，現状でうまくいっている部分と課題の部分を表にまとめる。</td>
<td>◎各企業・市民団体の活動内容

◎東京チェンソーズの青木さんの話

□これまで調べたことから森林保全の取り組みの成果と課題を表にまとめることで，一部の人が努力するだけでは限界があることに気づかせる。</td>
</tr>
</table>

<table>
<tr>
<td rowspan="4">つかむ</td>
<td></td>
<td>
<table>
<tr><th>うまくいっている点</th><th>課題点</th></tr>
<tr><td>・「企業の森」は，新人同士の交流，会社のイメージアップ育成において良い場となるとともに，木の管理を定期的に行うことができる。
・「東京チェンソーズ」は，東京での販売ルートを確保し，東京の人に木に関心をもってもらおうとしている。</td><td>・荒れている森林を見かけても，山の所有者が分からないところは，勝手に手入れをすることができない。</td></tr>
</table>
</td>
<td>【知識-④】</td>
</tr>
<tr>
<td rowspan="2">⑦学習問題についてまとめ，国産材と外国産材の使用割合を比較し，今の林業が抱える問題を把握する。</td>
<td>○学習問題について，関係図にまとめて発表する。</td>
<td></td>
</tr>
<tr>
<td colspan="2">日本には，人の手入れが必要な人工林がたくさんある。しかしながら，林業家は昔よりも減少している。その背景には，1本の木を植えてから木材として搬出できるようになるには約60年かかること，木材を一本売っても3000円程度の価値にしかならないことが挙げられる。
そのため，現在は林業家だけではなく，国・都道府県・企業・市民団体等が連携して協力していくことが求められている。それぞれの立場から林業体験を実施したり，森林との関わりの場を提供したりして国民一人ひとりに関心をもってもらえるように取り組んでいる。</td>
</tr>
<tr>
<td></td>
<td>○日本の森林蓄積の推移グラフを見て，読み取れることを発表する。
・日本には，使うべき時がきた森林が年々増加している。
・伐採されるべき人工林がたくさんある。

○木材供給量と自給率の推移を見て，疑問に思ったことを話し合う。
・なぜこんなに自給率が低いのか。
・日本は国土の7割が森林で木が余っていそうなのに，なぜ使わないのか。</td>
<td>□関係図にまとめたのち，なぜ企業や市民が協力していかなければいけないのか発問し，林業家だけの問題ではないことを理解させる。

◎日本の森林蓄積の推移グラフ</td>
</tr>
</table>

つかむ		・日本には木が余っているのに，外国から木材を輸入するのはおかしい。 ○調べてきたことのうち，自分が問題だと思うことについて互いの考えを交流する。 ・国内の木があるのに使っていないこと。 ・国内に出回っている木の価値が低いこと。 ・海外からの輸入に頼っていること。 ・林業に携わる人が少ないこと。 ・国民が木に無関心なこと。	◎木材供給量と自給率の推移 □前時までに記入したまとめシートを見直させることで，日本の森林の課題を考えられるようにする。 【思考-②】

7 実践の概要

〈学習指導の流れ〉

つかむ
森林保全作業の様子
学習問題作り
・森林の広さ
・森林の種類
・森林の役割
・森林の歴史
教ウ
指ア
☆学習問題☆
森林が荒れている中、森林を守るためにだれがどのような取り組みをしているのだろうか。
調べる
林業家 Nさんの話
水源林作業員 Jさんの話
東京チェンソーズ Aさんの話
林業家
・林業家の取り組み
国 東京都
・国の取り組み
・東京都の取り組み
企業 市民団体
・企業の取り組み
・市民団体の取り組み
教ア・イ
指イ
まとめる
まとめ
・学習問題のまとめ
・日本の木材自給率の低さ
教ウ
生かす
森林環境税
・森林環境税の活用
・森林を保全するためにできること
指ウ・エ
これからの森林保全について考える子ども

図8-1 学習指導の流れの図解

(1) つかむ段階

学習問題を「森林が荒れてる中，森林を守るためにだれがどのような取組をしているか」を設定し，つかむ段階として3時間を予定した。

学習活動として，地図や写真など活用して日本の国土に占める森林の割合や森林の果たす役割，また，年表等を活用して，森林の様子の変化を読み取らせるようにして，学習問題に設定について児童の関心が高まるようにしていった。

児童は，国土における森林面積の割合の大きさに驚くとともに森林の荒廃が続く現状について気付き，国土を守る森林を守ることに従事している人々の働きに関心を持つようになり，学習問題の設定につながっていった。

〈抽出児童の思考の様子〉

第1時

　私は，世界では人工林より天然林の方が多いことにびっくりしました。でも，みんなも疑問に思ったように，天然林が日本では多いのだから，人工林なんて作らなくても，いいのではないか，と思いました。そんなに木を育てなくてもいいのではないかと思いました。

第2時

　私は，最初資料を見て，「森林って，いいことばっかりだな…」と思っていました。ところが，先生が作った写真でも，人間の手が行き届いてないところでは，あれはててしまっている，また，そのようなお仕事をしている人も減っている，と聞くと，やっぱり，人工林は必要なのかなと思いました。

第3時

　戦争で，森林が減ってしまった後，森林を増やすためにたくさんの工夫をした中でも，まだ足りないということで，最近の対策は何なのか知りたいです。

(2)　調べる段階

調べる段階では，「林業家」「国，東京都等の公的機関」「企業，市民団体」のそれぞれの活動について，「問い」を設定して調べ活動を行った。

その際，それぞれの活動に取り組んでいる人を取り上げて調べ活動を行うようにした。

「林業家」では，「国土を守っていくためには，だれがどのようにして森林をつくり育てているのだろう」という問いについて林業家の主な仕事や仕事に対する思いなどについて調べた。

「国，東京都等の公的機関」では，「国や東京都は森林を保全するために，どのような工夫や努力をしているのだろうか」という問いについて，

東京都水道局の働きを通して，国や東京都による森林を保護，育成する取組について調べた。

「企業，市民団体」では，「企業，市民は森林を保全するためにどのような工夫や協力をしているのだろうか」という問いについて，東京都内で行われている，企業や森林保全ボランティア活動について調べた。

調べ活動のまとめとして，それぞれの活動について，現状と今後に課題につ

いて表にまとめた。

〈抽出児童の思考の様子〉

第4時

Nさんの思いを読んで，収入の少なさに驚きました。でも，その中でも「未来の森林を守っていく」という思いでやってくれるということを考えると，素晴らしいなと思いました。

第5時

前回の学習では，悪いことばかり起こっていたが，今日の学習では，東京都や国が，たくさんの取り組みを行っていることがわかりました。私は，東京都のボランティアに参加してみたいなと思いました。

第6時

私たちの見てないところで，たくさんの取り組みを行っていることがわかりました。市民の人や，企業の人が，自然を大切にしているということがわかると，私も，自然を大切にしようと思いました。

(3) まとめ，生かす段階

まとめの段階では，調べ活動を通して調べたことをもとに関係図にまとめ，学習問題について，自分の考えをまとめた。

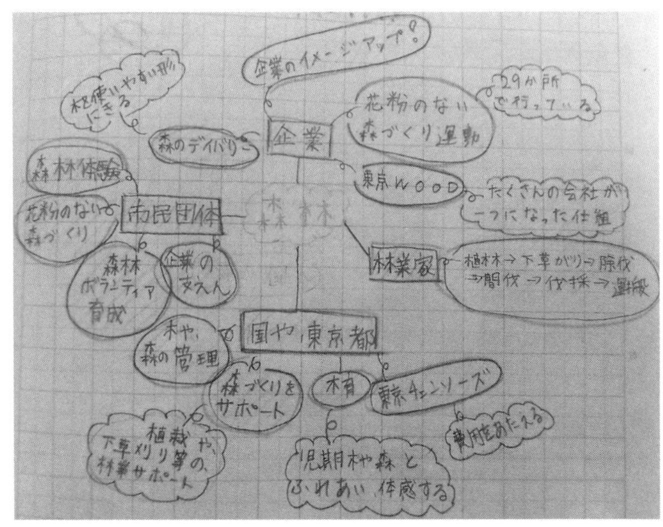

図8-2　抽出児の書いたイメージ図

〈抽出児童の思考の流れ〉

今日は，関係図でまとめて，たくさんの取り組みが行われていることがわかりました。しかし，木を伐らなければならない木の数が，年々増え続けていることにびっくりしました。

(4) 実践を振り返って

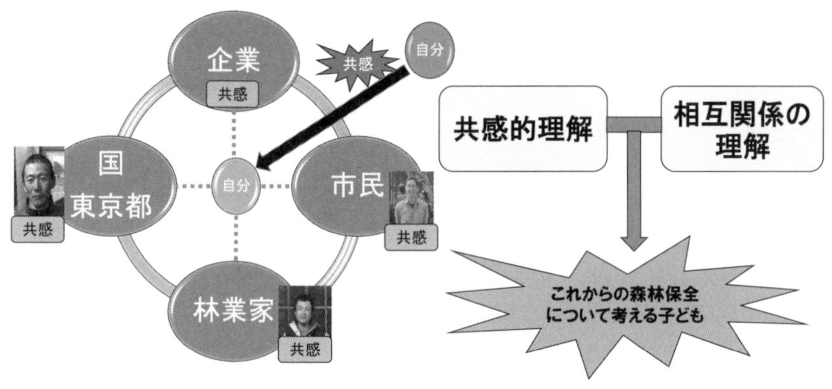

図8-3　本単元でめざした子ども像

本単元では，学習する前には，児童は，森林についてほとんど関わりのない世界と捉えている。しかし，森林はこれからの国土保全のみならず私たちの生活に大きく影響するものであり，自らが関わりをもっていくことが求められると考えるようにしたい。

本実践では，森林保全に向けて取組む林業家，国や東京都，企業や市民団体などの人々の使命感に共感しながら調べ，活動を進めた。活動を通して，森林保全に関わる人々が連携しながら森林を守っていることに気付き，理解を深めていった。そして，学習を通して，森林を守るためのサイクルの中に自分自身も入ることの大切さに気付いていった。この気付きが，「これからの森林の保全を考える子ども」につながるものと捉えることができた。

課　題

1. 我が国の国土の様子について調べる際，以下の内容について述べなさい。
   ○世界の主な大陸と海洋，主な国の名称と位置について調べる際の留意点
   ○我が国の位置と領土について調べる際の留意点について
2. 「国土に対する愛情を育てる」とは，具体的にどのようなことを指すのか　考えをまとめなさい。
3. 2の考えにもとづいて，どのような指導を考えますか。具体的に述べなさい。

参考文献

『教科指導法シリーズ　小学校指導法　社会』玉川大学出版部，2011年
澤井陽介著『社会科の授業デザイン』東洋館出版社，2015年
社会科教育連盟編『研究紀要第73号』2019年
『小学校年間指導計画作成資料』東京書籍，2015～2019年
東京都森林事務所「多摩地域の森林・林業の概要」Web
矢野恒太記念会編・発行『日本のすがた2019』2019年

第9章

第6学年社会科の授業実践

第６学年の社会科では，我が国の政治の働きや歴史，我が国と関係の深い国の生活やグローバル化する国際社会における我が国の役割についての理解を図ることが求められている。そして，児童が学んだことを生かして，我が国の歴史や伝統を大切にして国を愛する心情，我が国の将来を担う国民としての自覚や平和を願う日本人として世界の国々の人と共に生きることの大切さについて自覚を養うことをねらいとしている。

キーワード　日本国憲法と政治の仕組み　小学校の歴史学習　国際理解と国際協力

第１節　我が国の政治の働きに関する学習

1．学習指導要領との関連について

第6学年の学習指導要領の政治に関する内容は，我が国の政治の働きについて，日本国憲法の下で，立法，行政，司法の三権がそれぞれが果たしている役割や，国や地方自治体の政治が民主政治の考え方に基づいて，国民生活の安定と向上を目指して行われていることを理解させることをねらいとしている。その際，児童に国民としての政治の関わり方について多角的に考え，自分の考えをまとめさせるようにすることが大切になる。

また，政治に関する学習では，児童が18歳で選挙権を行使することを踏まえ，児童に政治の働きへの関心を高められるようにすることを重視するとともに，我が国の政治の基本的な考えを示している。そのため，日本国憲法の学習をしたあとに政治の働きを学習することにしている。

日本国憲法の学習というと，資料の読み取りや教師による解説に終わってし

まい，憲法が児童にとって身近なものであることを認識させることが難しくなりがちである。児童にとって身近に捉えさせるために，地域の公共施設の見学や利用者への聞き取り，国や地方公共団体が行っている広報などを調べることを通して，日本国憲法の具現化された様子を知ることによって，日本国憲法が児童にとって自分たちの生活と密接に結び付いていることを意識させたい。

また，18歳での選挙権の行使を踏まえて，学習過程を深める段階で，国民としての政治への関わり方について，話し合ったり自分の考えを表現したりする活動を取り上げていくことが大切になる。

2. 我が国の政治の働きの指導の実際

(1) 小単元名　「わたしたちの暮らしを支える政治」

(2) 小単元の目標

我が国の政治の働きについて，政策の内容や計画から実施までの過程，法令や予算との関わりなどに着目して各種の資料で調べ，まとめ，国や地方公共団体の政治の取組を捉え，国民生活における政治の働きを考え，表現することを通して，国や地方公共団体の政治は，国民主権の考え方の下，国民生活の安定と向上を図る大切な働きをしていることを理解できるようにする。それとともに，学習問題を主体的に追究・解決し，学習したことを基に，社会の一員として政治へのかかわり方などを考えようとする態度を養う。

(3) 小単元の評価規準

知識・技能	思考・判断・表現	主体的に学習に取り組む態度
①政策の内容や計画から実施までの過程，法令や予算との関わりなどについて各種の資料で調べ，必要な情報を集め，読み取り，国や地方公共団体の政治の取組を理解している。	①政策の内容や計画から実施までの過程，法令や予算との関わりなどに着目して，問いを見いだし，国や地方公共団体の政治の取組について考え，表現している。	①政策の内容や計画から実施までの過程，法令や予算との関わりなどについて，予想や学習計画を立て，学習を振り返ったり見直したりして，学習問題を追究し，解決しようとしている。

②調べたことを図表や文などにまとめ，国や地方公共団体の政治は，国民主権の考え方の下，国民生活の安定と向上を図る大切な働きをしていることを理解している。	②国や地方公共団体の政治の取組と国民生活を関連付けて，国民生活における政治の働きを考え，適切に表現している。	②学習したことを基に，政治への関わり方など，自分の考えをまとめようとしている。

(4) 教材の工夫

社会には，様々な立場の人がそれぞれの価値観をもって生活をしている。そのような人々の「よりよくありたい」という願いは当然個々に違っているものである。社会に見られる多様な願いと政治はどのように関わっているのか，どのような仕組みによって，人々のよりよい生活が実現されようとしているのかを本単元では考え理解できるようにする。

本単元では国民生活と政治との関わりについて，世田谷区で進められている「おでかけひろば」の取り組みを中心的な教材として取り上げ学習を進めることとした。「おでかけひろば」は世田谷区に33箇所あり，地理的に身近な施設である。多くの親は子育ての上で不安を抱えており，よりよい環境での子育てを願っている。この「おでかけひろば」は，子育てをする親は子どもの遊び場や預け先として利用できるだけでなく，利用する親同士の交流の場ともなっており，親の「願い」の実現が図られる施策(しさく)となっている。身近な事例を取り上げることによって，区民のよりよい生活を実現するために，区役所（行政），区議会（議会）が関わり合って実現する過程を具体的に理解することができる。

「おでかけひろば」へのアクセス：世田谷区HP→子ども・教育・若者支援→育児・子育て→親子の交流・子どもとおでかけ→親子のつどいの場「おでかけひろば」

(5) 小単元の指導計画（全8時間）

過程	ねらい	主な問い（◆）と主な学習活動（○） 予想される児童の反応（・）	◎資料 □指導上の留意点 【評価】（★見方・考え方を働かす）
つかむ	①子どもを育てる親の悩みと願いについて話し合う。	○昔と今の家族構成を比較し，気が付いたことを話し合う。 ○家族構成の変化が暮らしにどのような変化を持たらしたのかを話し合う。 ◆子育てをする親はどのような悩みや願いをもっているのだろうか。 ○子育てをする親の悩みを話し合い，資料から確認する。 ○子育てをする親の悩みはどうすれば解決されるか話し合う。	◎昔と今の家族の写真 ★家族構成の変化に気が付けるように写真を提示する。 ◎「人口減少社会に関する意識調査図表6」 ◎子育てをする親のインタビュー □予想した悩みや資料から知った悩みを解決するためにどうするかを考え，「願い」としてまとめる。
	②「おでかけひろば」と世田谷区のかかわりについて話し合い，学習問題，学習計画を立てる。	○子育てをしている親の悩みや願いを確認する。 ○「おでかけひろば」について知る ◆「おでかけひろば」と世田谷区はどのように関わっているのだろうか。 ○本時の問いについて予想し話し合う。 ・区長が関わっている。（役所） ・費用は国や区が出しているのではないだろうか。（費用・税金） ・議員が関わっているからだと思う。 ○学習問題をたてる。	◎おでかけひろばのVTR ◎おでかけひろばのパンフレット ◎おでかけひろばの補足資料 □パンフレットから世田谷区とのつながりについて気付かせる。 □児童の意見を分類し，黒板に掲示する。
		世田谷区は，おでかけひろばの取り組みをどのように進めているのだろうか。	
		○分類を元にして，調べる順序を整理し，学習計画にする。	★施策の意味や議会，行政などに着目できるようにする。 □分類したまとまりごとに学習を進めることを提示する。

つかむ		世田谷区では，区民を支える様々な取り組みがあり，子育てをしている人々を支えるために「おでかけひろば」という施設がある。	【思判表①】ノートの記述などから「おでかけひろばと世田谷区との関わり方の予想から学習問題を立てているか」を評価する。
調べる	③区民の願いと区役所の関わりや区役所の働きについて理解する。	◆「おでかけひろば」を実現するために，区役所はどのような働きをしているのだろうか。 ○区役所の方の話や，関係図をもとに，「おでかけひろば」がどのような考えのもと作られたのかを調べ，交流する。 ・区民の願いを受けて作られた。 ・利用者はとても助かっている。 ・区役所が願いを受けて，予算や計画を立てている。 「おでかけひろば」は，住民の願いをもとに，区役所で計画が作成され，区議会で設立が決定された。	◎区役所の方の話 ◎「おでかけひろば」ができるまでの区民，区役所，区議会の関係図 □区役所の方の話と関係図を関連づけて調べる。 ★区民の願いとのつながりに着目できるようにする。 【知技①】ノートなどの記述から「政策の内容や計画から実施までの過程と区役所の関わりを調べられているか」を評価する。
	④子育て支援に対する区議会の果たす役割について理解する。	◆「おでかけひろば」を実現するために，区議会はどのような働きをしているのだろうか。 ○区議会と区長，区民のつながりについて調べる。 ・区議会議員は選挙で選ばれている。 ・区長と区議会の関係は国会と内閣に似ている。 ○「おでかけひろば」についてどのようなことを区議会で話しあっているかを調べる。 ・区役所で作られた計画書や予算案に質問したり，それでよいか判断したりしながら決定した。 区議会議員は，選挙で選ばれ，区議会では，「おでかけひろば」の内容や条例について議決を行った。	◎区の政治と住民とのつながりの関係図 □区議会で話し合いをする区議会議員が区民の代表であり，区民は議員を通して政治に参加していることを理解する。 ◎議事録をまとめなおしたもの □提案の議決だけではなく，その後の運営の状況を確認する役割も果たしていることを確認する。

			【知技①】ノートの記述などから「政策の実施の過程での議会の働きについて調べられているか」を評価する。
調べる	⑤子育て支援のための予算について理解する。	○「おでかけひろば」に必要な費用について話し合う。 ・土地代，建物代，人件費，遊び道具の購入費用。 ◆なぜ「おでかけひろば」は無料で利用できるのだろうか。 ○費用がどこから出ているのかを，資料から調べる。 ・税金が使われている。 ・国からの補助金も使われている。 「おでかけひろば」は，区への税金や，国の予算から出される補助金で作られた。	□運営に必要な費用と施設利用料が無料であることから，本時の課題についてつかむ。 ◎世田谷区の予算のグラフ ◎税務署の人の話 □資料を関連づけ，税金が暮らしをより良くするために使われていることを調べる。 ★税金を通して国民がどのように政治に関わっているのかに着目できるようにする。 【知技①】ノートの記述などから「おでかけひろばの実施と区の予算の関わりについて調べられているか」を評価する。
まとめる	⑥学習問題に対する考えをまとめる。	◆学習してきたことをつなげて学習問題についての考えをまとめよう。 ○学習問題に対する考えを聞き合う。 ○自分の考えをまとめる。 ・区民の願いを実現するために議会や区役所で様々な話し合いや取り組みが行われている。 ・区の施設は税金や補助金によって運営されている。	□区役所，議会，区民，願い，「おでかけひろば」などの本単元の要素をならべ，区民の願いが実現するまでの，それらの関わり，位置づけ，役割を確認する。 【思判表②】ノートの記述から「世田谷区がおでかけひろばの取り組みで果たしている役割についてまとめ表現できているか」を評価する。

		区民の暮らしは，地方公共団体の政治と深く結びついており，地方公共団体は，区民の願いや，暮らしの向上，その実現のために重要なはたらきをしている。	
生かす	⑦政治の在り方に関心をもち，将来，政治に自分がどのように関わるべきかを考える。	○「世田谷区役所で働く人の話」から本時の問いをつかむ。 ◆みんなのためのよりよい政治には，どのようなことが大切なのだろうか。 ○みんなのためのよりよい政治はどのようなことが大切なのかを，それぞれの立場で考える。 ・様々な立場の区民の願いを知ることが大切。 ・国民が今求めている願いに合った法令や取り組みを考えていくこと。 ○これからの政治と関わっていく上で，みんなのためのよりよい政治について自分が大切にしたいことを考える。 ・自分のことだけではなく，様々な立場の人のことも考えて，何が今必要なのかを考えることが大切だと思う。	◎関係図 ◎区役所の方の話。 □社会の状況や予算の限界から，優先順位が考えられ，施作が決定されること，わずかな声であっても実現に結びつことがあり政治に関わることがより良い社会に結びつくことを確認する。 ★政治には様々な立場が関わり国民もその過程に関わっていることに着目できるようにする。 【態度】ノートの記述などから「学習したことを基にこれからの政治への関わり方を考えられているか」を評価する。

(6) 実践における「問い」の構成の工夫

本小単元「わたしたちの暮らしを支える政治」で働かせたい社会的事象の見方・考え方（視点や方法）を意識して，児童が追究する「問い」の構成と児童の学びの流れを以下のように整理した。

〈つかむ段階〉

区民の悩みや願いとその実現への働きかけ

問い：子育てをする親の願いは何だろう。

・昔と今ではどう家族構成が変わったのか？

・どのような願いがあるのか？

問い：おでかけひろばはどのように区と

子どもの反応

子育てをしている人は，他の誰かに頼りたい。

関わっているのだろう

・おでかけひろばは，どこにあるのか。
・おでかけひろばは，どんなところか。

おでかけひろばは，区内に33か所もある。

学習問題：世田谷区は，おでかけひろばをどのように進めているのだろうか。

きっと税金が使われているのではないかと思う。そのことについて調べてみよう。

〈つかむ段階〉

区の政策の内容と計画の働き

問い：おでかけひろばを実現するために区役所はどのような働きをしているのだろうか。

・区役所はどのように運営しているのか。

子どもの反応

区役所の人と地域の人が協力して進めている。

議会の働き

問い：おでかけひろばを実現するために区議会はどのような働きをしているのだろうか。

・おでかけひろばの案はどのように決定されたのか。

区役所が計画を作って区議会で議決されたのではないか。

予算と税金の働き

問い：なぜおでかけひろばは，無料で利用できるのだろうか。

・費用はどこから出ているのか。
・国は何をしているのか。

区民の税金や国の補助金を使っているから無料で区民が安心して利用できる。

〈まとめる段階〉

取り上げた事象を自分たちの生活と関連付けて考える

問い：学習問題に対する考えをまとめよう。

世田谷区では，子育てをする親の願いを政治の働きによって実現している。市役所や区議会での話し合いよって計画され，区民そして国民から収められた税金によって，願いは実現している。区民は，これらの政治の働きと選挙などの形で関わっている。

〈いかす段階〉

まとめたことをもとに多角的に考える

問い：みんなのためのよりよい政治にはどのようなことが大切なのだろう。

・政治にはどんなことが大切なのか。

問い：政治と関わるうえで自分が一番大切にしたいことは何か。

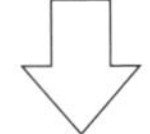

〈子どもの考え〉

・すべてを解決するべきだけれど，優先順位を考え一つ一つ解決していくことが大切だと思う。
・自分のことだけではなく，様々な立場の人のことも考え，何が今必要か考えていく。そのためにも，自分から世の中のことを知ろうとする姿勢を大切にしたい。
・区民や国民の願いが実現されることで世の中がよりよくなっていく。そのためにも政治に関心を持ち続け，私たちの願いも世田谷区に伝えていきたい。

本単元で取り上げる「おでかけひろば」の施策（しさく）には，区民の他に「区役所「区議会」など様々な立場の人が関わっている。

また，「政治」だけではなく，税金など費用負担に関わる「経済」の視点からも施策の意味を捉えることができる。

そのような立場や視点を意識しながら理解できるようにするために，『調べる』段階や前ページの『まとめる』段階においては，「願い」の「実現」までの流れをチャート図に整理し，相互関係に着目して捉えられるようにした。その際には「区民の願いを実現するために，どのようなことが関わっていますか」「どのようにして実現されていますか」などの問いに基づいて考えられるようにした。また，『いかす』段階では，「国民（区民）」「区役所」「国」「区議会」「費用（税金）」の視点から，それまでの学習を踏まえた上で「よりよい政治のために大切なことはどのようなことだろうか」という趣旨の問いに基づいて，多角的な視点で政治の在り方を考えようとする態度の育成につなげるようにした。

(7) 学習問題設定の展開（第2時）

	○主な学習活動　・児童の予想される反応	留意点・資料・評価
つかむ	○前時のふり返りをして，子育てをする親の悩み，願いを確認する。 ○願いを実現した事例として「おでかけひろば」について知り，気がついたことを話し合う。 ・区内に33か所ある。 ・たくさん遊べて小さい子どもが好きそう。 ・世田谷区の名前がパンフレットに書いてある。 ○「おでかけひろば」と世田谷区がどのように関わっているかを予想し，話し合う。	◎「おでかけひろば」の紹介VTR ◎「おでかけひろば」のパンフレット ◎「おでかけひろば」の概要 □資料からおでかけひろばの様子を知るとともに世田谷区との関わりについて知り，本時の問いをつかむ。 □個別で考えた後，グループで交流し，考えをまとめる。
調べる	・世田谷区が「おでかけひろば」をつくるのを決めたのではないだろうか。**区役所** ・区長が作ったから。**区役所** ・とてもたくさんの施設があるから，力のある人，区議会議員が作ったと思う。**区議会** ・利用料が無料ということは「おでかけひろば」の費用に区の税金をつかっていると思う。**税金** ○意見をまとめ学習問題を立てる。 **学習問題** 世田谷区はおでかけひろばの取り組みをどのように進めているのか。 ○調べる順序を整理し，学習計画にする。 ①区役所の働き　②区議会の働き　③予算	□確かめられないこと，疑問が残る点について確認し，学習問題と結びつける。 【思判表②】 ノートの記述から「願いが実現されるまでに世田谷区がどんな役割果たしているかについて予想しているか」を評価する。
まとめる	学習感想を書く。 ・区民全体に関わることだから，世田谷区が関わるのではないだろうか。 ・様々な機能がある「おでかけひろば」が無料なのは驚いた。	

板書案

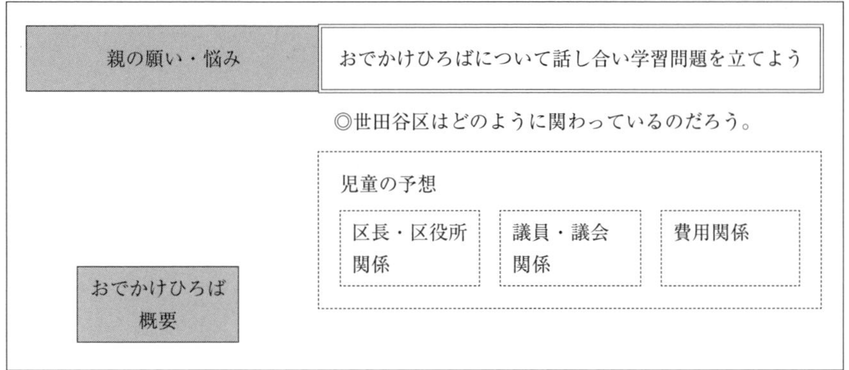

第2節　歴史学習について

1．学習指導要領との関連について

第6学年の学習指導要領の内容(2)では，歴史の学習を通して，我が国の歴史の進展に大きな影響を与えた(ア)から(サ)までの11の代表的な歴史上の事象やその事象に対応する働きを手掛かりにして，我が国が歩んできた大まかな歴史を理解するとともに，それらの事象に関連する先人の業績，優れた文化遺産等を理解することをねらいとしている。

小学校の歴史の学習では，歴史を通史として網羅的に取り扱うものではなく，政治の中心地や世の中の様子によって分けたいくつかの時期における世の中の動きを，人物の働きや優れた文化遺産を通して捉えることを意味している。その際，子どもたちにとって我が国の歴史を初めて学習することから，子どもたちの興味・関心を踏まえて取り上げる人物や文化遺産を精選して学習を行うことが大切になる。

さらに，歴史の学習というとややもすると歴史上の出来事や年号などを覚えるといった暗記学習になりがちな点が指摘される。そのために，指導を行う際には，子どもが我が国の歴史に対して興味・関心をもち，歴史を学ぶ楽しさを味合わせるとともに，歴史を学ぶことの大切さに気付くようにしていく必要がある。

人物の働きについては，学習指導要領に例示されている卑弥呼，聖徳太子，中大兄皇子，紫式部，源頼朝，織田信長，豊臣秀吉，徳川家康，近松門左衛門，勝海舟，福沢諭吉，大隈重信，板垣退助，伊藤博文，野口英世など42人の業績を中心に取り上げる。それらの人物がその時期の世の中の課題や人々の願いを実現するような働きをしたことを調べ，まとめを行い，人物の働きについて共感的に理解できるようにすることが求められる。また，児童の発達の段階を踏まえた教材，資料の内容や提示の仕方を工夫して，学習の展開を具体的にする必要がある。

代表的な文化遺産については，現在に受け継がれている文化的な価値が高い，「重要文化財」や「国宝」などに指定されているものを適切に取り上げる必要がある。その際，歴史上の事象やそれにかかわる人物の働きに関連させながら学習を進めることが重要となる。その際，地図帳を活用して，文化遺産などがどの地域にあるのかということも児童に理解をさせたい。

これらの学習を通して，児童に現在の自分たちの生活は，遠い祖先がつくり上げたうえに成り立ち，その先人の工夫や努力が今の自分たちの生活と深くかかわっていることに気付かせるようにしたい。そして，児童一人ひとりに我が国の伝統や文化を大切にし，国を愛する心情を養うことが大切となる。

2. 第6学年の歴史学習の指導の実際

(1) 小単元名 「戦国の世から天下統一へ」(6時間)

(2) 小単元の目標

○世の中の様子，人物の働きや代表的な文化遺産などに着目して，遺跡や文化遺産，絵図，年表，その他の資料を活用して，キリスト教の伝来，織田，豊臣の天下統一について調べ，戦国の世の統一に果たした織田信長，豊臣秀吉の役割を考え，表現することを通して，戦国の世が統一されたことを理解できるようにする。

○戦国の世が統一されたことについて，学習問題を主体的に調べ，解決しようとするとともに，我が国の歴史に関心をもち，歴史の展開を考えようとする態度を養う。

(3) 小単元の指導計画と評価計画（6時間扱い）

	ねらい	主な学習活動・学習内容	評価・その他
つかむ	①「長篠合戦図屏風」と「豊臣期大坂図屏風」の城周辺の様子を比較し，世の中の様子が劇的に変化したことをつかみ，学習問題を設定することができる。	○資料を提示し，本時のめあてを設定する。 時代の違う2つの城の様子を見て気付いたことから学習問題をつくろう。 ○「長篠合戦図屏風」の城周辺の様子を見て，気付いたことを話し合う。 ・多くの武士が戦っている。 ・城にたくさんの武士がいる。 ・山などの地形を使って戦っている。 ○「豊臣期大坂図屏風」の城周辺の様子を見て，気付いたことを話し合う。 ・町にはたくさんの人々が歩いている。 ・商売をしている人がいる。 ・たくさんの家が並んでいる。 ○「長篠合戦図屏風」と「豊臣期大坂図屏風」のそれぞれが描かれた時代の全国の勢力図を比べ，疑問を出し合い学習問題をつくる。 ・どうして1人の武将が全国を統一できたのか。 ・たくさんいた武将はどうなったのだろうか。 ・武将同士の多くの争いがあった末に全国は統一されたのだろうか。 学習問題 だれが，どのようにして，全国を統一していったのだろう。 ○学習問題について予想を立てる。 ・力の強い武将が統一をしたのではないか。 ・いろいろな政策を利用して全国を統一したのではないか。	◎長篠合戦図屏風（写真） □戦いが起きていた様子に着目させる。 ◎豊臣期大坂図屏風（写真） □平和な様子に着目させる。 □どちらの資料も，人・建物・土地の様子などの観点に着目させる。 ◎長篠合戦図屏風の時代の勢力図（写真） ◎豊臣期大坂図屏風の時代の勢力図（写真） □どうして図屏風に描かれた様子が変化したのか着目させる。 ◇戦国の世が統一されたことについて関心をもち，問題解決の見通しをもって主体的に学習問題を考え，表現している。 ◎織田信長・豊臣秀吉（肖像画）

	②戦国の世が統一されたことに関心をもち，学習問題と年表を基にして学習計画を立てる。	○前時の学習を振り返り，学習問題と年表を基に本時のめあてをつかむ。 ○年表を基にしてどのようなことを調べていくかを考え，グループで話し合う。 ・織田信長は，どのような戦いをして全国を統一しようとしたのか調べよう。 ・なぜ豊臣秀吉は全国を統一できたのか調べよう。 ○これから調べていくことを全体で話し合い，学習計画を立てる。 ・織田信長と豊臣秀吉の働きを中心に調べていく。	◎織田信長・豊臣秀吉の年表 (文書資料) □年表に書かれていることを根拠に予想をし，グループで話し合いながら整理させる。 □話し合った内容を短冊に整理し，次時以降の見通しをもたせる。 ◇織田信長や豊臣秀吉のしたことを基にして学習計画を考え，表現している。
調べる	③織田信長が天下統一に向けて行った政策について理解する。	織田信長はどのようにして全国を統一しようとしたのだろう。 ○織田信長が天下統一に向けて行った政策を調べる。 ・有名な大名を倒して勢力を広げた。 ・室町幕府を滅ぼした。 ・仏教勢力を武力で押さえた。 ・キリスト教を認めた。 ・安土城を築いた。 ・楽市・楽座を認めた。 ○調べたことを基に，織田信長の思いや願いについて考え，話し合う。 ・商工業を盛んにして資金を集めていたのではないか。 ・有力な武将を倒すことで短期間に勢力を広げたのではないか。	◎安土城･楽市楽座（絵図） ◎ザビエル（肖像画） ◎織田信長の政策（文章資料） ◎同心円チャート □調べてわかったことを同心円チャートに整理させ，思いや願いを話し合わせる。 ◇ザビエルによってキリスト教が伝えられ我が国に広がったこと，鉄砲を多用して織田信長が短い期間に領地を拡大したことなどについて地図や年表，その他の資料を活用して調べ，まとめている。(ノート)
	④豊臣秀吉が天下統一に向けて行った政策について理解す	豊臣秀吉はどのようにして全国を統一しようとしたのだろう。 ○豊臣秀吉が天下統一に向けて行った政策を調べる。	◎検地令条文，検地の想像図（文書資料・写真） ◎刀狩令条文（文書資料） ◎豊臣秀吉の政策（文章資料）

調べる	る。	・明智光秀を倒した。 ・大阪城を政治の拠点とした。 ・全国の大名を従えた。 ・検地をして年貢をとった。 ・刀狩をして武器を取り上げた。 ・キリスト教は禁止した。 ○調べたことを基に，豊臣秀吉の思いや願いについて考え，話し合う。 ・いろいろなきまりをつくることで民衆を支配したのではないか。 ・年貢を納めさせて財政を安定させたのではないか。	◎同心円チャート □調べて分かったことを同心円チャートに整理させ，思いや願いを話し合わせる。 ◇豊臣秀吉が検地や刀狩などの政策を行ったことなどについて地図や年表，その他の資料を活用して調べ，まとめている。（ノート）
まとめる	⑤織田信長と豊臣秀吉の政策を比較し，ベン図にまとめて話し合う活動を通し，共通点や相違点から秀吉，信長の天下統一に向けた思いや願いを考え，表現する。 （本時）	織田信長と豊臣秀吉を比べてみよう。 ○織田信長と豊臣秀吉の行ったことをまとめた同心円チャートを基に，全国を統一するために行ったことの共通点や相違点をベン図に整理する。 ・2人とも経済を盛んにしようとした。 ・キリスト教に対して，2人は異なる政策を行った。 ○ベン図に整理した共通点や相違点をグループで話し合う。 ○各グループで話し合った結果を全体で共有する。 ・天下統一へ向けて，織田信長と豊臣秀吉は，経済やキリスト教などについて対策をとろうとしていた。 ○学習感想を書く。 ・天下統一へ向けて，経済やキリスト教などについて2人は考えていたが，それぞれやり方が違うと思った。	◎ベン図 □ベン図にまとめる前に共通点を何点か確認させる。 □個人でベン図に考えをまとめる。 □同心円チャートを根拠に二人の行動の違いについて整理させる。 □グループごとにお互いのベン図を比較し，何に着目してベン図を書いたか話し合わせる。 ◇織田信長や豊臣秀吉の業績や天下統一に対する思いや願いについて調べ，人物の業績を考え，文書等で説明したり，話し合ったりしている。（ノート・発言） ※学習問題を振り返り，自分の考えを確認しながら学習感想を書かせる。

まとめる	⑥学習問題に対するまとめを発表する。	○学習問題に対して，調べたことを基に話し合い，織田信長と豊臣秀吉の働きをキャッチコピーにまとめ，自分の考えを発表する。 ・織田信長…新しいものを使って天下統一へ ・豊臣秀吉…天下統一後に社会の仕組みを整理 ○学習問題に対する考えをまとめる。 ・織田信長と豊臣秀吉は大名や農民等の支配を目指して，織田信長は新しく伝わった鉄砲を利用するなど戦いの仕方を工夫し，短い期間で領地を拡大した。豊臣秀吉は検地や刀狩を行い，社会の仕組みを整えた。その結果，戦いが減り，戦国の世が統一された。 ○戦国の世が統一されたことについて，学習感想を書く。 ・織田信長と豊臣秀吉のどちらも天下統一を目指していたが，豊臣秀吉が天下統一を果たした。 ・様々な社会の仕組みが整って天下は統一されていった。	まとめる ◎児童のノート・同心円チャート・ベン図 □どうしてそのキャッチコピーを考えたのか整理をさせる。 □織田信長と豊臣秀吉のねらっていたことは同じだが，行ったことが違っていたことに着目させる。 □文型を示し，考えを明確にしながら話し合えるようにする。 ◇織田信長や豊臣秀吉の業績を考え，文書等で説明したり話し合ったりしている。（ノート）

3. 実践の概要

(1) 教材について

本小単元で取り上げる主な教材は「キリスト教の伝来」「織田・豊臣の天下統一」の2つである。教材の特徴として以下のことを考えた。

①キリスト教の伝来

イエズス会の宣教師フランシスコ・ザビエルによって日本に伝えられたキリスト教は，鹿児島から西日本各地へ布教された。ザビエルは，2年余りにわたって，山口・京都・大分などで熱心に布教活動を行い，日本を去った。その後も，イエズス会の宣教師が続々と来日し，大名の許可を得て布教を続けていった。宣教師たちは，教会だけでなく民衆のために学校や病院，孤児院などを建てたこともあって，キリスト教の信者が急速に増えた。授業で扱う際には，キリスト教の伝来の様子を世界地図などの資料で調べる。このようにすることで，社会的事象の見方・考え方を働かせながら，当時の世界と日本の動きとの関連について考えるようになると考えた。

②織田・豊臣の天下統一

16世紀の後半になると，戦国大名の中に都へ上って全国の支配を目指す動きが現れた。尾張の織田信長は，駿河の今川義元を桶狭間の戦いで破った後，周囲の有力な大名を倒して勢力を広げ，京都に上り足利義昭を追放して室町幕府を滅ぼすとともに，対抗していた比叡山延暦寺や一向宗などの仏教勢力を武力で押さえ込んだ。それ以外にも，安土に壮大な城を築いて天下統一の拠点にし，楽市・楽座の政策を行い，城下の商人たちの税を免除したり各地の関所をなくしたりして，商工業の発展を目指した。また，キリスト教には寛容な姿勢を見せ，キリスト教を保護して教会や学校を建てることを認めた。しかし，全国統一を目指す戦いの途中で家臣の明智光秀に背かれ，本能寺で命を落とした。

その信長の有力な家臣であった豊臣秀吉は，織田信長の死後すぐに明智光秀を倒し，大坂城を築き天下統一事業を進めた。朝廷から関白に任じられると，天皇の権威も利用して，全国の大名を従え，一向宗の勢力も押さえて全国を統一した。堺・博多・長崎などの貿易都市や石見銀山などの鉱山も支配し，莫大な利益によって権力を強めた。また，検地を行って年貢を納めさせたり，刀狩を行って武器を取り上げ，兵農分離を進めたりするなどいろいろなきまりをつくって，武士が強い支配権をふるう近世社会の基礎を築いた。

このような戦国の世の社会の様子や織田信長が勢力を伸ばした様子，豊臣秀吉が検地や刀狩などの政策を進め天下を統一した様子を取り上げることによって，歴史上の人物が当時の課題に対して様々な視点から取り組みを進めていたことに着目できるようになり，戦国の世の統一に果たした織田信長や豊臣秀吉の役割を考えられるようになると考えた。

(2) 社会的事象の見方・考え方を働かせる指導の工夫

問題解決の過程に即して問いを想定するとともに，対話的な学びを促す学習活動を設定した。

	見方・考え方を働かせる問い	学習活動などの指導法の工夫
つかむ	【時間的】【空間的】 ・「長篠合戦図屏風」と「豊臣期大坂図屏風」を比較するとどのような違いがあるのだろう。	○学びの振り返から，社会認識を深める工夫 ・ここまでの学習問題に対する振り返りをまとめられるようにするために，1時間ごとに学習した内容を振り返る。
調べる	【時間的】 ・織田信長はどのようにして全国を統一しようとしたのだろう。 【時間的】 ・豊臣秀吉はどのようにして全国を統一しようとしたのだろう。 【関係的】 ・全国統一をするためにどのようなことが大切だったのだろう。	○問題解決的な中で対話的に学ぶための工夫 ・調べた事実を同心円チャートにまとめ，織田信長，豊臣秀吉の思いや願いを話し合うことにより，自分の考えを深められるようにする。 ○問題解決的な学習活動の中で対話的に学ぶ工夫 ・織田信長，豊臣秀吉の業績について共通点と相違点を整理して，その理由を発表することで，本時の問いに迫れるようにする。
まとめ	【関係的】 ・調べたことを関連付けて，学習問題について考え，表現する。	○問題解決的な学習活動の中で対話的に学ぶための工夫 ・児童のノート，同心円チャート等を用いて，学習したことをキャッチコピーにまとめ，その理由を全体で話し合うことにより，自分の考えを深める。

第3節　第6学年の「グローバル化する世界と日本の役割」の学習について

1. 学習指導要領との関連について

第6学年学習指導要領の内容(3)では，我が国とつながりの深い国の人々の生活に関する内容と，国際連合の働きや我が国の国際協力に関する内容の2つの内容から構成されている。

「グローバル化する国際社会」という言葉は，今回の改訂の中で，現代社会の変化が激しいということについて関連して捉えられたキーワードである。

その意味としては，「人，もの，資本，情報，技術などが国境を越えて移動したり，組織や企業，国家などの様々な集合体の役割が増大している国際社会」と捉えることができる。そして，このようなグローバル化する国際社会での日本の役割ということについて，我が国が世界の国の人々と相互に理解を深め，平和な国際社会の実現を目指して，我が国がグローバル化する国際社会の中で果たす役割が重要になってきていると捉えるようにさせた。

関係の深い国々に関する学習では，児童に我が国とつながりが深い国の人々の生活について，文化や習慣を背景として生活の様子について違いがあり，その違いがその国の文化や習慣を特徴づけていることなどを基に，世界の人々の生活の様子が多様であることを理解させるのをねらいとしている。

また，今回の学習指導要領の改訂の中で「国際交流」について子どもたちに考えることを求めている。そこで，この学習では，オリンピック・パラリンピックなどのスポーツ交流や様々な文化を通して国際交流が行われていることを基にして，交流を通して異なる文化や習慣を尊重し合うことの大切さを理解するとともに，国際交流の役割について，自分なりの根拠や理由を明確にした考えをもって議論できるようにすることも大切となっている。

子どもたちは，第4学年の県内の特色ある地域の学習で，姉妹都市など国際交流に取り組んでいる地域について学習している。その学習経験を生かした指導を考えていきたい。

国際連合と我が国の役割については，児童に我が国が平和な世界の実現のために国際連合の一員として，ユニセフやユネスコ等の国際機関で重要な役割を担っていたり，諸外国へ発展のために経済だけでなく教育や医学，農業などの分野で様々な形で援助や協力を行っているということを理解させるとともに，今後も国際社会の平和と発展のために我が国が担う責任や義務があるということを児童に考えさせていくことが重要となる。そのためには，学習の中で，我が国の国際社会で担う役割について多角的に考えたり選択・判断したりする力を育てることも大切となる。

2．小学校社会科の卒業を意識づける学習として

この国際理解に関する学習は，小学校社会の学習の最後となる。子どもたちが3年から6年までの社会科の学習を通して身に付けてきた社会科の資質・能力を発揮して主体的に学習に取り組むことが期待される学習となる。

子どもたちに，自らの興味関心や問題意識をもった国の人々の暮らしについて具体的に調べ，その国の文化や習慣を理解するとともに，世界の人々が自国の文化や伝統を大切にしていることを捉え，自分の視野を広げさせることが期待される。そのために，以下のことに留意した指導を考えたい。

(1) 調べる国を主体的に選択する

児童の主体性を生かすということで，調べる対象の国を多くしてしまうと，資料の準備や調べたことの理解などが難しくなり，単元としての目標の達成が難しくなる。学習指導要領の内容の取扱いでも，我が国とのつながりが深い国を「数か国」選んで，その中から子供に1か国を選択させると示されている。指導者の方から地域的なバランスを考え数か国を提示して，その中から児童に調べたい1か国を選択させるようにする。

児童が主体的に選択できるように，指導者として取り上げる国々について，その国の名前，位置，国旗，生活の様子，我が国との関係等の概略を，地図や映像等を提示して子どもが興味関心を高めるようにしていきたい。

また，子ども一人ひとりに「なぜ，その国を選んだのか」と問い，子どもに選択した動機や理由をしっかりと意識させるようにしたい。その意識を持続することが，主体的な学習につながる。

(2) 一人の力で調べられるように

児童が選択した国の人々の暮らしの様子を具体的に調べる活動においては，

自分が欲しい資料は何か，それをどのように収集するかを考え，集めた資料を具体的にどのように生かしながら，自分が立てた学習問題を解決できるように自己決定しながら学習を進めるようにすることが大切になる。そのために，調べる項目について，児童が明確な視点をもつように助言を行ったり，資料リストを作成したりして学習活動が広がるようにしていくことが重要になる。その際，同じ国を調べるグループを構成して，協力して学習を進めることも考えられる。

(3) まとめ方の表現を選択するように

調べたことをまとめる時，その表現方法は，今までの学習で学んできたものを生かすようにさせたい。まとめ方の表現方法を選択させることも，子どもの主体性を伸ばすことにもつながると考えられる。

その際，子どもに，自分の調べたことをわかりやすく，伝えたい相手を意識させて，適切な方法を選択させたい。また，発表の場面では，発表内容が網羅的にならないように，自分の調べた視点に絞って発表するように助言することが大切となる。さらに，発表を聞く子どもたちに対しては，「違い」ということを意識させて発表を聞くように促したい。子ども一人ひとりは一つの国しか調べていないが，子どもたちの発表を通して，様々な国の文化を具体的に理解することにつながると考える。

3. 国旗と国歌の意義についての指導について

国旗と国歌に関する指導は，この単元のみならず，第3学年，第4学年，第5学年における国旗に関わる指導が行われてきている。その際，小学校学習指導要領により次のようなことに留意することが求められている。

① 国旗と国歌はいずれの国ももっていること。
② 国旗と国歌はいずれの国でもその国の象徴として大切にされており，互いに尊重し合うことが必要であること。
③ 我が国の国旗と国歌は，それぞれの歴史を背景に，長年の慣行により，「日章旗」が国旗であり，「君が代」が国歌であることが広く国民の認識として定着していることを踏まえて，法律によって定められていること。
④ 我が国の国歌「君が代」は，日本国憲法の下においては，日本国民の総意に基づき天皇を日本国及び日本国民統合の象徴とする我が国の末永い繁栄と平和を祈念した歌であること。

また，国歌「君が代」については，音楽科における指導との関連を重視するとともに，入学式や卒業式などにおける国旗，国歌の指導等とも関連付けながら指導することが大切となる。

課　題

1. 地域の形成者として求められることについて，6年の学習を通してどのように育てるか述べなさい。
2. 歴史の学習を通して先人の働きや優れた文化遺産について興味・関心をもたせ，理解を深めるようにする際の留意点は何か。具体的に述べなさい。
3. 国際理解の学習を通して，グローバル化する国際社会のあり様をどのように子どもに伝えるか考えなさい。

参考文献

『教科指導法シリーズ　小学校指導法　社会』玉川大学出版部，2011年
澤井陽介編著『社会科授業づくりトレーニングBOOK』明治図書，2015年
澤井陽介著『社会科の授業デザイン』東洋館出版社，2015年
『小学校年間指導計画作成資料』東京書籍，2015～19年
文部科学省『小学校学習指導要領（平成29年告示）解説　社会』東洋館出版社，2018年

第10章

社会科の多様な学習活動と指導技術

社会科の学習では，児童が直接触れることができる社会的事象や社会生活を対象に学習する時には，調査活動や資料活用を中心とした学習活動を軸に授業を展開することが大切である。
今回の学習指導要領では，各学年の学習内容と関連させて，知識及び技能に関する目標が各学年の目標（1）に示された。さらに，調査活動に加えて多様な資料を効果的に活用する力を身に付けさせ，「主体的・対話的で深い学び」を実現することが授業改善の中心に据えられている。
本章では，社会科の多様な学習活動について学ぶとともに，児童の主体的な学びを支える教師の指導技術について学習する。

キーワード　調査活動　資料活用　表現活動　構成活動　発問　板書

第1節　調査活動，資料の活用

1．調査活動，資料活用と能力目標（学習指導要領）

社会科の学習では，児童が見たり，聞いたり，さわったりして直接学習対象に働きかけることができる社会的事象を教材とする時は，調査活動を中心とした学習を展開することが多い。
しかし，高学年になると学習対象が我が国の産業や歴史などに広がり直接触れることができない場合には，資料活用を中心に学習が行われる。
調査活動，資料活用について学習指導要領では，どの学年についても目標(1)「知識及び技能」の項目に位置づけている。それらは以下の通りである（下線は筆者による）。

(1) 第3学年

身近な地域や市区町村の地理的環境，地域の安全を守るための諸活動や地域の産業と消費生活の様子，地域の様子の移り変わりについて，人々の生活との関連を踏まえて理解するとともに，調査活動，地図帳や各種の具体的資料を通して，必要な情報を調べまとめる技能を身に付けるようにする。

(2) 第4学年

自分たちの都道府県の地理的環境の特色，地域の人々の健康と生活環境を支える働きや自然災害から地域の安全を守るための諸活動，地域の伝統と文化や地域の発展に尽くした先人の働きなどについて，人々の生活との関連を踏まえて理解するとともに，調査活動，地図帳や各種の具体的資料を通して，必要な情報を調べまとめる技能を身に付けるようにする。

(3) 第5学年

我が国の国土の地理的環境の特色や産業の現状，社会の情報化と産業の関わりについて，国民生活との関連を踏まえて理解するとともに，地図帳や地球儀，統計などの各種の基礎的資料を通して，情報を適切に調べまとめる技能を身に付けるようにする。

(4) 第6学年

我が国の政治の考え方と仕組みや働き，国家及び社会の発展に大きな働きをした先人の業績や優れた文化遺産，我が国と関係の深い国の生活やグローバル化する国際社会における我が国の役割について理解するとともに，地図帳や地球儀，統計や年表などの各種の基礎的資料を通して，情報を適切に調べまとめる技能を身に付けるようにする。

2. 調査活動の観点

大学生に「小学校の時の社会科学習で印象に残っていること」を問うと，大半が社会科見学を挙げる。次に，米作りなどの体験，新聞やパンフレットづくりなど特色ある学習活動と続く。

調査活動では何をどのように見るのか，以下，要点を挙げる。

・ありのままに観察する。

・数や量に着目して調査する。
・「ねらい」「観点」を決めて調査する。
・他の事象と対比しながら調査する。
・まわりの諸条件と関連付けて観察，調査する。

見学では，受け入れ先の可能な日程と社会科学習の指導時期が一致しないことがある。その際，学習進度に応じて，「問題を発見するための調査」「問題を追究するための調査」「学習したことを確かめ，まとめるための調査」など，指導計画を柔軟に作成することが教師に求められる。

3. 資料の活用

小学校社会科における「技能」は，「社会的事象について調べまとめる技能」である。具体的には，調査活動や諸資料の活用など手段を考えて問題解決的な学習に必要な社会的事象に関する情報を集める技能，集めた情報を「社会的事象の見方・考え方」に沿って読み取る技能，読み取った情報を問題解決的な学習の流れに沿ってまとめる技能である。

地球儀の活用については，指導要領では，第5学年及び第6学年の目標(1)に「地図帳や地球儀，統計（や年表：6年）などの各種の基礎的資料を通して情報を適切に調べまとめる技能を身に付けるようにする」と示されている。

資料活用については，学年ごとに活用例が具体的に示されているが，ここでは第6学年の例を挙げる。

・資料から必要な情報を的確に読み取る。
・資料に表されている事柄の全体的な傾向を捉える。
・複数の資料を関連付けて読み取る。
・資料の特徴に応じて読み取る。
・必要な資料を収集・選択したり吟味したりする。
・資料を整理したり再構成したりする。

第2節　実際の調査活動

1．事前（調査活動を実施する前に）

（1）調査活動の特質と意義

①現場中心の学習活動

社会科学習では，問題解決的な学習を重視している。教室の中での教科書中心による学習の繰り返しだけでは，そのねらいが十分に達成できないことが多い。社会的事象を直接観察したり，調査したりすることにより，問題を発見し，解決する学習が可能となる。

②社会的な意味を考える

社会科における調査活動は，児童にとって身近な社会の姿を追究することであり，現実の社会の姿にじかに接することによって，そこに潜む社会的な意味を考える手立てとなる。

③追究意欲を高める

社会科の授業で大切なことは，常に追究意欲をもち学習対象と向き合うことで，事実認識を確かなものにしていくことである。

これからの社会科指導では「主体的に学習に取り組む態度」として，いっそう重視して育てていかなければならない。

（2）調査対象の選定

学習のねらいや進捗状況に応じて，見学可能な所を探す必要がある。

地域学習で必要な時に自由に見学できる所と事前に交渉し許可が必要な所がある。また，必要に応じていつでも交渉できる所と，国会，裁判所，自動車工場のように，受付期日や時間が決まっている所がある。

（3）目的を明確にする

校外での学習は，児童にとって楽しく，大人になっても記憶に残るものである。調査活動の目的が明確であり，何のために見学に行くのかについて，児童一人一人が理解していることが必要である。

そのためには，次のようなことに着目させるとよい。

①建物の様子や大きさ
②利用する人々
③諸活動に携わる人々の願いや工夫
④時間的な変化の様子
⑤分布の様子や建物などの位置関係
⑥全体の様子
⑦その場所でしか見ることのできない「ひと」「もの」「こと」　など

(4) 十分な下調べと相手方との連絡調整

見学先によって事前の交渉や実地踏査が可能な所とそうでない所がある。事前に可能な所では，時間が許す限り教師が出向き，実際に児童が見学するルートを歩きながらポイントを探しておくことが大切である。

(5) しおりの作成

社会科見学は，交通機関を利用する場合もあれば，徒歩で行く場合もある。いずれにせよ学校を離れて，校外で実際の社会から学ぶよい機会である。見学の場所が学校からどのような方向にあるか，どれくらいの距離があるのか，道すがらどのような社会事物・事象を見ることができるかなど，地図を手がかりに知ることは楽しい。見学のしおりを作成する時には，移動範囲に応じた地図を必ず入れるようにしたい。

2. 調査活動（見学）中

(1) すべての感覚を駆使して，その場の様子をつかみ取る

教室の学習では得ることのできないその場の雰囲気に十分浸ることが大切である。その場所でなければ得られないものを調査し，情報が収集できるようにする。場所によっては，見学用の設備やコースを整えてある工場等もある。工場概要をビデオで知らせる場所もある。ビデオ情報を注意深く視聴するようにしたい。見学では，メモやスケッチなど要領よく記録するように，事前に指導しておくとよい。

(2) 児童の着眼を大切にする

現地に赴き，児童が自分の目線や感覚で捉えた事実を大切にすることが次の

学習へのエネルギーとなる。音，におい，働く人の表情，衣服，動きなどその児童の鋭い感覚で発見したことが，問題解決の糸口となる。

教師は，こうした児童の発見を見逃さず，その場でよい気付きを褒めると同時に，その意味について補足し，内容によっては教室に持ち帰り，事後の指導に役立てるようにすることも大切にしたい。

(3) 現地で解決できない疑問を大切に残す

見学ですべてが解決するわけではない。解決できない疑問を大切に残すこと。発見や気付きを次の学習で取り上げること。これが調査活動を重視した問題解決的な学習の醍醐味である。

(4) ルール・マナー・安全に対する指導

見学・調査活動では，バスや公共の交通機関を利用する。貸し切りバスで移動することも含めて，「実際の社会生活，多くの人と関わる」ということをきちんと指導することを忘れてはならない。教室を離れることで，児童の感情は，普段の生活以上に高揚する。学校では廊下を走らない児童であっても，その場に行くと走ったり，危ないと思われる行動をとったりする。「移動，現地での行動を含めて見学・調査活動である」という意識をもって事前・事後も含めて見学・調査に臨むよう指導したい。

3. 事後

(1) 教室に帰って

見学でわかったこと，わからなかったことを整理することを第一に行うようにする。例えば，自動車工場に関しては，実際の自動車をゼロの状態から2分間に1台作っているのではなく，「多くの作業工程を皆で分担し，各自が2分で割り当ての工程を仕上げることを積み重ねて2分間に1台生産できる」という概念をまとめていくようにする。この際，ビデオや統計資料を関連付けて考えることで，理解も深まっていく。

(2) 見学後の相手方への感謝

見学に協力していただいたことに対する感謝の気持ち，見学をしてわかったこと，それに対する意見や感想，以後の学習の様子，新たな疑問，可能なら児童の作品（カラーコピーでも可）などを添えて礼状を出すようにしたい。教師が社会人としての礼儀を自らの姿で示すとともに，このような機会を捉えて児童に指導することも忘れてはならない。

(3) 学習のまとめを表現活動で行う

今回の学習指導要領の改訂で「表現力」を以下のように解説している。

「小学校社会科で養う『表現力』とは，考えたことや選択・判断したことを説明する力や，考えたことや選択・判断したことを基に議論する力などである。その際，資料等を用いて作品などにまとめたり図表などに表したりする表現力や，調べたことや理解したことの言語による表現力を育成することも併せて考えることが大切である」調査活動を通して学んだことのまとめとして，様々な作品に表現することで学習内容の理解につなげたい。特に，調査活動では，この学習で「わかったこと」とともに「考えたこと」が表現できるような学習を行うことを忘れてはならない。

第3節　資料の活用

1. 社会科における資料とは

社会科の学習で，児童が直接社会的事象に触れることができるものは限られている。地理的にも歴史的にも広がりや深まりがあり，直接観察したり，調査したりすることができにくいものがある。中学年の地域学習でも，学習内容によっては,実際に学習の場で直接に観察･調査をすることは不可能なことが多い。

基本は「具体⇔半具体⇔抽象」を往き来しながら，児童がより具体的で臨場感をもって学習することが理想であり，これらのギャップを教育的に配慮して埋めるのが資料である。資料を活用することで，学習をより効果的に進めていくことができる。また，実際の指導においても調査活動以上に資料を活用して行う授業の方が多いといってもよいだろう。

2. 社会科学習で活用される資料

(1) 資料の分類

資料には多様な種類や形態があり，活用方法も多岐にわたる。一般的に社会科学習で活用される資料は，次のように分類される。

①現 実 資 料…現地，現物，遺物，遺跡，ゲスト・ティーチャー，博物館，郷土資料館等

②視聴覚資料…スライド，写真，録音，テレビ，ビデオ，インターネット等

③文 書 資 料…教科書，副読本，新聞，図書，パンフレット，文書等

④図 式 資 料…地図，年表，統計，グラフ等

なお，その機能・役割から次のような分類もある。

○学習への興味・関心を喚起する資料

○問題発見を促す資料

○問題を整理し，学習を軌道にのせる資料

○学習のまとめとして扱う資料

さらに，自作資料と市販資料という分類もある。

(2) 資料活用を通して育てたい力

社会科では，問題解決のために多様な資料を活用していくことで，児童に資料活用，情報活用能力を身に付けさせていくことが大切である。このことは，これからの知識基盤社会を生き抜く「生きる力」を支える資質となる（本章第1節3を参照)。

3. 主な資料の活用

(1) 現実資料の活用

現実資料の活用は，直接，観察，調査等を通じて行われる。このことについては，第9章で世田谷区の「おでかけひろば」を教材として詳しく述べた。

(2) 視聴覚資料の活用

ICTの進歩とともに，その内容や扱い方について最も変化の激しい分野である。コンピュータの発達に伴い，プレゼンテーションソフトやインターネットが教室で使用されるようになっている。また，1人1台タブレットが配置され，

情報検索が個々にできる環境が整っている地域もある。視聴覚資料の主な効用を挙げると以下のようになる。
①学習への動機付けに大きく役立ち，学習を意欲的に展開できる。
②社会的事象を理解したり，考えたりすることに役立つ。
③繰り返し，必要な時に情報に触れられ，知識の習得を確実にする。
④経験を膨らませ，学習を深めることができる。
⑤共通の経験を全員に提供できるため，共同思考を促す。

(3) 文書資料の活用

もっとも古くから主たる教材として今も活用されている教科書をはじめ，副読本，図書，新聞，パンフレット，書籍，文書等身近な所にある資料が多い。教師として，これらの有効な活用方法を身に付けておくことが大切である。

①教科書の活用

社会科学習において教科書は，主たる教材として使用することになる。教科書は，学習指導要領に基づいて，国民として共通に必要とされる基礎的・基本的な内容を確実に身に付けさせるために，十分に吟味され，精選された内容や情報などが盛り込まれている。

教科書の活用にあたっては，「教科書を教えるのか，教科書で教えるのか」ということが話題になる。下に示す教科書の活用と社会科学習の本質を考える時には，「教科書で教える」立場をとるべきである。

ア．学習問題づくりに活用する。
イ．学び方，調べ方を学ばせることに活用する。
ウ．社会的事象の事実関係を理解させることに活用する。
エ．社会的事象の一般化・概念化に活用する。
オ．疑問や興味をもたせ，学習を深める動機付けとして活用する。
カ．副読本（3・4年）で扱った事例と比較するために活用する。

②副読本の活用（おもに第３学年，第４学年）

教科書が全国の学校で活用されることを前提に編集されているのに対して，副読本は作成した市（区，町，村）の学校が使用することを前提に編集されている。学習目標や学習内容に対して，地域社会の正確な情報や地域の様々な事象について学習するための重要な手掛かりを提供している。活用にあたっては，次のことが考えられる。

ア．地域社会の問題を正しく捉えることに活用する。

イ．地域社会の各種資料を活用することにより，問題発見や追究の筋道を学ばせることに活用する。

ウ．地域社会の資料を活用することにより，社会的事象に対するものの見方や考え方を見に付けさせることに活用する。

③新聞の活用

新聞を継続して購読している家庭が減少しているという。その反面，インターネットで新聞を読むことができるようになったことから，「紙面を読む」という経験が少なくなっている現状が報告されている。

新聞は，何よりも最新のデータを用い，産業をはじめ，あらゆる社会的事象に関する新しい情報を提供してくれる。また，「NIE：教育に新聞を」に力を入れている学校もある。授業でも必要な情報を新聞（または小学生向けの新聞を発行している社もある）に求めたいものである。

④図書の活用

社会科学習において，図書は社会的事象を調べたり，考えたりするための資料として極めて重要な役割をもっている。図書は，調べようとする社会的事象について，専門的な解説が掲載されているため，児童の調べ活動には欠かせないものである。しかし，新聞と同様，生の社会的事象をもとに作られているものが多く，学習指導要領を基に作られた教科書と大きく異なるところである。

⑤パンフレット等の活用

各種のパンフレットがインターネットによる入手も含めて，比較的簡単に手に入るようになった。見学が不可能，また，見学に行くことができない遠方にある学習対象のパンフレットを入手し，学習資料として活用することもできる。実際に東京から北海道や沖縄県のパンフレットを取り寄せて学習している実践も報告されている。

(4) 図式資料の活用

地図，年表，統計，グラフ等の多様な資料を活用することにより，児童の情報処理能力は高まっていく。グラフ等の資料とそれに基づいた話し合いの様子が例として文章で書かれている教科書もある。以下，活用術を示す。

まず，グラフの読み取りを児童自身にさせることが必要である。

① 標題は何か。

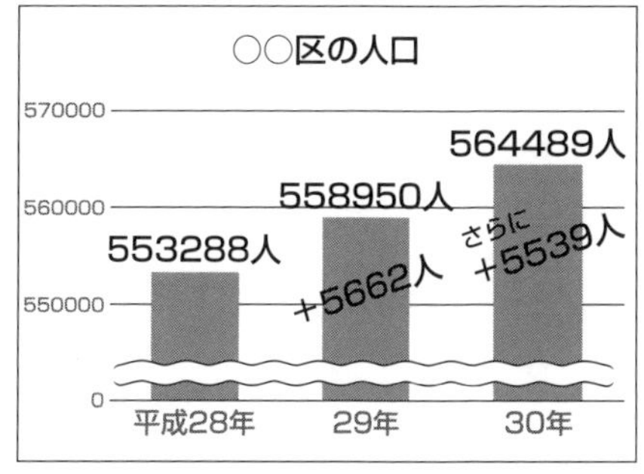

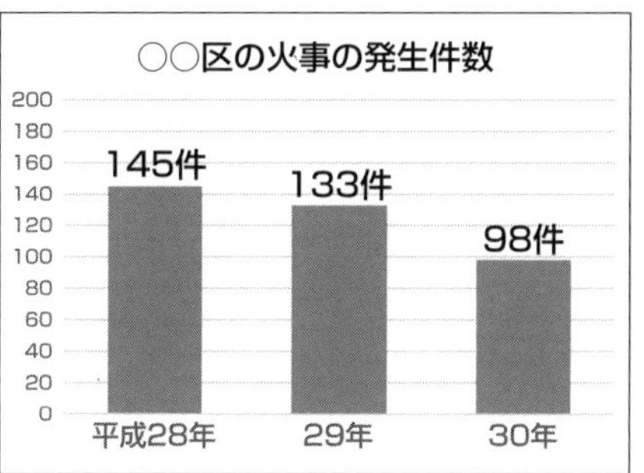

2つのグラフを読み取らせて，火事と人口の関係を児童なりに考えさせる

② いつ，だれが作成したか。
③ 縦軸は何か。
④ 横軸は何か。
⑤ 2つのデータは何を表しているか。
⑥ 人口はどうなっているか。
⑦ 火事の発生件数はどうなっているか。
⑧ このグラフからわかることは何か。

→人口が増えているのに，火事の発生件数は減っている。どうしてか？

このことを児童に読み取らせ，疑問をもったり考えさせたりすることが大切なのである。グラフの読み取り，活用によって学習問題の設定とともに，学習意欲の喚起ができる。

第4節　表現活動

学校教育法30条2に「生涯にわたり学習する基盤が培われるよう，基礎的な知識及び技能を習得させるとともに，これらを活用して課題を解決するために必要な思考力，判断力，表現力その他の能力をはぐくみ」と規定されている。これを受けた学習指導要領では，社会科の目標(2)に「社会的事象の特色や相互の関連，意味を多角的に考えたり，社会に見られる課題を把握して，その解決に向けて社会への関わり方を選択・判断したりする力，考えたことや選択・判断したことを適切に表現する力を養う」と位置付けられている。

社会科学習では，表現活動は伝統的に行われてきた。しかし最近，人との関わりが減り，「もの言わぬ子ども」が増えてきているという。ここでは，今までの実践成果に学びつつ，今後の表現活動の在り方も視野に入れて述べていく。

1. 表現活動とは

表現の形態（手段）に着目すると，以下のように分類できる。実際の授業では，ある表現活動を中心にしながら，学習の目標，内容，児童の発達段階に応じて，さまざまな活動を組み合わせて学習が進む。
○話し言葉（音声言語）で表現する。
○文章で表現する。
○身体活動で表現する。
○構成活動で表現する。

2. 話し言葉（音声言語）による表現

(1) 話し合い活動

社会科に限らず，学習において話し合いはもっとも重視される表現活動である。ところが，教師との一問一答はできるのだが，子どもどうしの話の交流が成立しないのである。友だちの意見を聞いて，それに対して自分は賛成なのか反対なのか，どのように考えるのかなどがうまく表現できない傾向が強い。また，「グループで話し合いましょう」という投げかけに，ノートに書いたことを読み合って終始する場面を見る。

活発な話し合いのためには，以下の視点が重要である。

①「何を」「どのように」話し合うか…約束を事前に決める

話し合いの目的や約束を明確にする。何分で話し合うか。どんな順序で話し合うか。話し合ってどうするか。

②何人で話し合うか

個人で考える→隣の人と話し合う→グループで（4人が適正）話し合う→全体で話し合う，というように，話し合いの輪を広げる。

③話し合ったことをどう表現するか

ノート，ホワイトボード，画用紙などで要点をまとめる。

みんなで話し合いながらの授業

タブレットを使って学習する児童

(2) 発表会

単元のまとめでよく使われる手法である。

あるグループの発表を全体で聞くことが多い。この時，自分たちの発表が終わると安心して他のグループの発表を聞かなくなる。発表前は緊張して，他のグループの発表が聞けないということがないように，目的意識をもたせることが大切である。経験を積んで場慣れさせることも大切であるが，発表を聞いて感想を述べたり，質問したりする活動を組み合わせて学びの場とすることが大切である。

(3) ポスターセッション

発表のための方法の一つで，「出店方式」「パビリオン形式」「屋台村方式」とも呼ばれている。発表するグループメンバーを前半組と後半組に分け，発表する人と聞く人が交代するのが特徴である。興味や関心がある発表をじっくり聞くことができ，聞く人たちが少ない人数であることが多く，発表しやすい，全員が役割を分担できるなどの理由で，改良した形が小学校にも広まっている。

3. 文書による表現

社会科で行われる文書表現は，ノート，ワークシート，吹き出し，感想文，レポートなどがある。また，新聞，パンフレット，紙芝居などの構成活動（後述）でも用いられている。

文書表現は，話し言葉の表現活動と同様に，日常的で基本的な自己表現として，児童が自分の考えや経験を文章に書いて表していくものである。

(1) ノート例

授業の基本となる表現方法である。わかったことの記述ばかりでなく，学習問題，予想，調べたこと，わかったこと，考えたこと，まとめ（学習問題の答え）などを記載する。また，必要に応じて資料などのコピーを貼り付けるなどして，1年間の学習が終わった時に，記録とともに思考，知識，理解の集積となるため，ノート指導を丁寧に行いたい。

ノート記入の基本形は，見開きで次の図のように項目や場所を決めて書くと見やすく，自分の考えなども表現できるようになる。

実際の児童のノート例については，第6章，第7章の章末に掲載しているので参考にすると良い。

月　　日	分かったこと
小単元名	※資料追究や話し合いの経過
	※友だちの考え
めあて	
予想	※考えたこと
調べたこと ※資料を貼る ※資料から読み取った事実	※自分の考え

(2) ワークシート

学習の進度に合わせて，教師の指示に従って必要な設問に答えていく方式で，形式や内容は種々多様である。思考の流れに沿って作成するノートと違い，自分で工夫して作成する余地がほとんどなく，与えられた設問に応えるようになっているものが多い。

必要な知識や情報を書き込むことで，効率的に伝える，集めて個々の到達度をまとめて見やすいという利点もあるが，これだけを用いると，生涯学習の観点から考えて，受け身の授業に流れるため，ノートの併用または，ノートを補完する活用が望ましい。

(3) 吹き出し

マンガの吹き出しに人物の気持ちや考えを台詞のように書く形式である。言葉で表現することが苦手な児童も，この形式にしたら書けるようになった。吹き出しに書く学習を多く行ったことで，話し言葉で表現できるようになったという事例も報告されている。

・東大寺の大仏開眼の式典を見る農民，製作した工匠，貴族，僧侶などの発言
・吉田松陰の墓参りをする明治時代の役人の発言
などの事例がある。

(4) レポート

高学年になると，自分の考えを文章で表現する力が付いてくる。いきなり書かせても児童にとっては，何をどう書いてよいかわからない。児童の実態に配慮しつつ，書き方を指導していくことで，内容のあるレポートが書けるようになる。

・テーマ　・テーマ設定の理由　・仮説（予想）　・調べたこと
・結論　・結論についての考え等の形式を指導することが大切である。

4. 構成活動

社会科では，絵に描く，絵地図，地図や年表，カルタ，新聞，パンフレットなど文字・記号・絵・図・写真・テープ・フィルムなどの様々なメディアを構成して，総合的な作品を作り出していくことが必要である。

ここでは，そのいくつかを紹介するにとどめる。

(1) 新聞づくり

社会科学習での新聞づくりは学習のまとめとして，既習の知識を活用し，自分の考えを表現する活動である。内容として，記事・見出し・社説・広告等がある。

記事は主に事実を記入する。それも皆に伝えたい情報の中からトップ，セカンド，サードなど優先順位をつけて作成しなければならない。読者の目をひくように内容が一目でわかる見出しを作る。

また，事実の羅列に終わらせることなく，自分の考えや主張を「社説」という形で表現させることが大切である。こうした作業を通して構成力が身に付いていく。学年・内容によって新聞のサイズを工夫したり，協働で作成したりするなど，ねらいに応じて柔軟な活動にしたい。

(2) パンフレットづくり

新聞同様，学習したことをパンフレットとして表現することも構成力や情報処理能力を身に付けさせるためには有効である。折り方を工夫することで記事の数が決まり，限られたスペースでありながら目を見張る作品を作成することがある。基本はA4サイズが適切である。

第5節　社会科の指導技術

社会科の授業を支える教師の指導技術は，有形無形あり，実に様々なものがある。日々の授業を通して試行錯誤を繰り返しながら実践的に学ぶことが多い。優れた実践をする先輩教師や地区で公開されている授業研究会から学べることもある。公開授業には可能な限り参加し，自分の指導力を向上させることを期待している。

ここでは，基本となる発問・板書に絞って述べていく。

1．発問

社会科の授業で教師が児童に言葉で働きかける内容は，大きく分けると，発問・指示・説明の3つになる。

発問―教師の児童に対する学習に関する問いかけであり，一人一人に考えることを促している。

指示―「～してください。～しましょう」と，ある行為を行うことを指し示している。

説明―発問，指示やその他のことで，教師の意図を伝えたり，その意図がよりわかりやすくなるように補足したり説明したりする。

現実には，この3つを意識して使い分けることができる教師は多くない。その結果，授業で教師の発言が非常に長くなってしまう。授業の大部分を解説に費やすと，「主体的・対話的で深い学び」にはつながらない。効果的な発問の仕方を教師は身に付けるべきである。

(1) 発問の役割

日々の授業は，教師の発問を中心に教師と児童のかかわりの中で展開される。発問は，教師と児童，児童と児童のコミュニケーションを図るために欠くことのできないものであり，「授業の鍵を握っている」ともいわれている。教師の発問は，知っている者が知らない者（児童，学習者）に対して投げかける「問い」である。「こうしたらどうかな」「こんな考えもあるよ」という支援を含む助言となる場合もある。

教師の発問は，常に正答だけを求めるものではない。結果としての答えより，問いと問いの間で，児童の思考を重視して行われている。教師の発問は，意図的で計画的に行われるよう，その内容が吟味されなければならない。

(2) 適切な発問

発問の善し悪しによって授業の流れは大きく変わる。教師の発問は，児童にとって意味のあるものでなければならない。以下の4点がポイントである。

①具体性があること。

②方向性が明確になっていること。

③児童の創造性を促すこと。

④児童の意欲を喚起し，温かみがあり，励みになること。

ここで注意したいことがある。一問一答形式で答えがすぐに思いつくものや

学級全体を視野に入れて発問する教師

クイズ形式などの発問である。これは一時的には児童を喜ばせることができる。しかし，こうした発問が続くと，その場だけの興味本位となり，思考活動が停止し，正解のみを出すだけに注意が集中し，児童の思考は高まっていかない。

(3) 発問の方法と工夫

教師の発問の巧拙は，実践を積むことによって開発されていくが，児童の発達段階や教材の質に応じて，たえず工夫していかなければならない。

①児童全体を視野に入れて発問する

学習指導は，教師と学級全体の児童との関係で進めなければならない。学級全員を視野に入れ，その表情や反応などを見渡して発問するように心がけるようにしたい。

②意見の違いや対立が起きるような発問をする

教師の問いかけから様々な意見や考えが生まれ，学級内に意見の違いや対立が起きるような発問をする。

③考えの違いを共感できるような発問をする

教師の発問によって，考えや意見の違いが生じたら，そのままで終わらせてはならない。多様な考えや意見の中から自分なりに共感できる考えや意見を明確にし，自分としての考えや意見をもてるように働きかけていくことが大切である。

(4) 社会科の発問の留意点

①避けなければならない発問

ア．教師が一人で自己満足する質問

考えるための前提を何ももっていない児童に「鎌倉幕府はなぜ滅んだか」などという発問を単元の冒頭にする。こうした抽象度の高い発問は，大人でもすぐには答えられない。また，誰にでも分かりきっていることを尋ねることも避けたい。このような発問からは，主体的に問題を追究していこうとする児童は育っていかない。

イ．押しつける発問

「わかりましたね」と意味もなく繰り返す。児童は本当にわからないことがあっても聞きづらくなってしまう。不用意な発問が，児童のわかろうとする意欲を阻害していることに気付くべきである。

②発問をした後の「間（ま）」

教師は発問をした後，児童の反応がすぐに表れないと焦りを感じ，次の発問をしたり，「ヒント」と言って長い説明を繰り返したりしてしまう。そのうちに児童は，何を答えたらよいかわからなくなって混乱してしまうことがある。

発問した後，じっくりと児童を観察し，その様子から，今，何を考えているのかを読み取らなければならない。そのためには「間」をとることが必要である。

「1分間で～しなさい」と指示を出して，本当に1分間黙って児童に作業させたままでいられる教師は意外と少ない。教師は黙っていることが苦手なのである。

2．板書

(1) 板書の機能

①考えをより確かなものにする

教師は，児童の考えを板書することによって，その考えを広げたり深めたりしている。児童からみれば，自分の考えが板書されることにより，その内容を明確にするとともに，より確かな理解につながる。

②学習の過程を明確にする

板書は，授業展開に応じ，教師や児童の考え，学習の足跡が目に見えるようにするために行われる。このことについては(2)に示す。

③学習のモデルと成果を示す

板書は，児童に身に付けさせたい学習内容を明確にするとともに，学習のモデルとなる機能をもっている。例えば，教師が地図を描いたりグラフを描いたりする。教師が板書したものが児童にとってはモデルとなる。そのためにも教師の板書は，より正確に行わなければならない。

(2) 板書の方法

授業観察の時，途中から遅れて教室に入っても，今までどういう学習が行われ，どういった方向に向かうのか板書を見ればわかるという見事な板書（授業）に出合うことがある。それは板書が学習の流れ，児童の思考の流れに沿って記録されているからである。

そのためには次の項目が板書されていることである。

・小単元名　・本時のめあて　・予想　・調べたこと　・考えたこと

・わかったこと　・まとめ

これらは問題解決的な学習の基本的な流れである。さらに，掲示資料や板書を補完する映像資料などが加わることでわかりやすい板書となる。これらの基本項目を常に板書で表すことで，授業の充実につながる。丁寧であること。計画的であることなども必須要素である。また，週案を授業のポイントとともに板書案で書くようにしている学校もある。

資料を貼り付けたりして児童の興味を引き付け，単元名などがきちんと整理して書かれた板書例

コラム

「探検」と「探険」

漢字テストでよく間違える文字に「たんけん」があります。

現在は，「探検」という表記が主として使われていますが，オールド世代は間違いなく「探険」の方が親しみやすい表記で，今でも使っている人がいます。昔は，小学校でも「探険」で指導していました。

いつ変わったのか。それは，1969年，人類が初めて月に降り立ったことが契機になっています。「探険」は「危険を冒して実地を探ること」に由来します。ところが，現代科学の進歩により，「詳細なデータ収集に基づき，仮説を立て，事前に綿密な計画を立てて，安全配慮をして検証する」という手法が確立してから，「探検」という表記になった…ということです。つまり，「科学の進歩が国語表記を変えた」という実例です。

今の社会は，科学の発達はもちろん，国際化も日進月歩。それに連動して仕事で使う用語も変化しています。

スキーム，コミット，シラバス，リフレクションカード…英語も飛び交います。ディスる，タクる…省略する言葉もあれば，見れる，来れる，食べれる…いわゆる「ら」抜き言葉が正当な日本語だと思っている人が大勢います。

教師として，常に時代の変化にアンテナを張り，適切な言葉を適切に使っていきたいものです。

課　題

1. 発問や板書の指導技術について，社会科ではどのように生かすことができるか，調べてまとめなさい。
2. 学習環境を社会科の授業にどのように活かしていくか，また，実際の教室ではどのように具現化しているか調べなさい。

参考文献

石井正広著『小学校新社会科の単元＆授業モデル』明治図書，2018年
石橋昌雄著『社会科の授業実践50のポイント』教育出版，2013年
北俊夫著『言語活動は授業をどう変えるか』文渓堂，2014年
寺本潔，吉田和義著『伝え合う力が育つ社会科学習』教育出版，2015年
文部科学省『小学校学習指導要領（平成29年告示）解説　社会編』東洋館出版社，2018年

第 11 章

社会科と生活科，総合学習の関連

低学年に位置している生活科は，子ども自身が社会とのかかわりに気付き，家庭や地域に愛着を育む単元が設けられている。3年から開始される「総合的な学習の時間」は，社会科と並行して学習するため，教科横断的な単元を工夫することで地域や国際，環境，情報，福祉など現代的な課題解決のための探究の学びを展開することができる。社会科はその双方に関連が深いため，あらかじめそれぞれの持ち分や特性を知っておく必要がある。

キーワード　安全教育　防災学習　生活科

第1節　生活科と総合的な学習の時間の趣旨

小学校の社会科教育にとって低学年にだけ枠がある生活科と3年生から開始される「総合的な学習の時間」（以下，総合と略記）は，社会科の基礎につながる役割が「生活科」に，社会科と歩調を合わせ社会への参加態度の育成や社会認識形成に寄与する点での「総合」という二つの関係性を念頭に置く必要がある。そのため，前者においては児童の社会認識の発達段階を理解し，公共物の意味や空間認識，年中行事，家庭での手伝いなどの関連ある単元での社会性の育成に着目する必要がある一方，後者においては，実社会とのかかわりにおいて企画・計画づくり，多様な人たちとの関わり，自己判断の機会などを具体的に磨く機会の提供が授業づくりに求められる。教育方法論の視点に立てば，生活科と総合は類似の指導理念に基づいており，特に総合は，「課題の設定」⇨「情報の収集」⇨「整理・分析」⇨「まとめ・表現」の4つの段階を意識したサイクルからなる探究のプロセスが焦点化され，自分自身の興味関心に

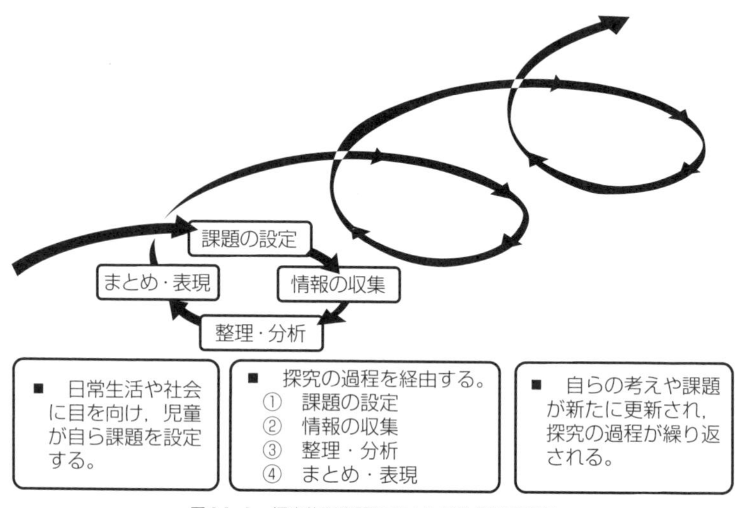

図11-1 探究的な学習における児童の学習の姿
文部科学省『小学校学習指導要領（平成29年告示）解説 総合的な学習の時間編』より

そって学習対象を選択，追究し問題解決に移行する流れとなっている（図11-1）。そのため，社会科ほど教育内容が多岐にわたることはないものの，児童が選んだテーマについて探究的な学びをより一層重視することが生活科と総合には求められている。

第2節 生活科における「社会とのかかわり」：安全な生活を題材に

1. 日常生活の中の安全

生活科において「社会とのかかわり」は，通学路や近隣の地域社会を題材に安全で健康的なくらしを営むために愛着のある場所や人の存在が欠かせない。単元「通学路たんけん」や「公園たんけん」「秋の町たんけん」などが重要な内容として設けられている。しかしながら，その安全が脅かされる事態も生じている。子どもをねらった犯罪である。

記憶に新しいが，2019年5月28日神奈川県川崎市多摩区登戸で通学バスを待っていた小学生とその保護者が襲われた悲惨な事件があった。まさに日常生活が一瞬にして壊された事件であった。こういった状況に陥らないように，防犯ブザーの携帯やスクールガードの整備等，地域社会の安全性を向上させる取組が求められており，生活科においても重要な指導内容となってきている。生活科としては，通学路や塾周り，スーパー等，子どもの生活エリアでの犯罪が最も注意を要する点であり，町内の防犯組織の活動や定期的な警察による防犯教室，PTA主催の地域安全マップづくりなど，大人たちによる地域主体の防犯活動と関連して扱うことも必要であろう。

さらに，子ども自身の犯罪から身を守る能力をいかに高めるかも重要な課題である。しかし，いたずらに悲惨な犯罪例を提示し，怖れさせてはかえって不安感を助長し地域社会への愛着形成にマイナスの影響を与えかねない。「脅しの安全教育」だけでは，子どもに主体性を育むことは難しい。「あなたの姿を見てつきまとったり，連れ去ったりする人がいること」「あなたを入りやすくて，見えにくい場所に誘おうとする大人がいること」を子どもたちに伝えることが必要といえる。小学校低学年児童にとって，「1人になる」時間ほど最も気をつけなくてはならない瞬間であること，優しい言葉で声をかけてきた大人が，「あなたと2人っきりになる場所に連れていくことが一番気をつけなくてはならないこと」をいかに理解させるかなど，指導法の工夫が求められる。近年の犯罪の傾向では，人目につきにくい構造になっていたホームセンターのトイレに連れ込まれたり，通学路上で不審者が，車を止めて盗撮や声かけ，連れ去りを起こしたりしている。児童公園の多機能トイレの中で痴漢行為が行われたり，歩道橋の上で大胆に犯行に及んだりするケースも見られる。いずれも児童が1人になっている瞬間に「入りやすくて，見えにくい場所」で犯行が行われる傾向が強い。沖縄市ではスクールガードが学級に入り，学校安全指導に直接係る支援も行っている。「いかのおすし」の励行だけでなく，地域と連携した防犯指導が期待される。

2. 生活科における危険回避能力の育成

犯罪は，犯人を特定し排除すればよしとする犯罪原因論から，犯罪が生じる状況（場所＋時間＋犯罪企図者）を感知することで犯罪を避けるよう促す「犯罪機会論」に移行しつつある。これは，言い換えれば，犯罪は条件がそろった場合に発生しがちであり，たとえ犯罪企図者を見抜けなくても，犯罪が起こりやすい場所や時間を避けることができれば，犯行に合わないで済むことを暗示している。

では，いかにして子ども自身の危険回避能力を高めていけばよいのだろうか。生活科の検定教科書では，「じぶんのあんぜんはじぶんでまもろう」なども記され，防犯に関する内容も扱われている。「あんぜんをまもるくふう」では，「子ども110ばん」や「ぼうはんブザー，いかのおすし」も登場している。具体的な危険回避のための見方・考え方や態度の育成が生活科の検定教科書にも見出すことができる。

下図は，小学生に課したワークで，危険だと感じる場所を鉛筆で囲み，その理由を書いてもらった調査用紙である。子どもたちは，自身が不審者から観察されていることを想像できず，遊具や柵で怪我をする危険について多くの子どもが記入する結果になった。落書きの多い公園隣りの工場の壁や不審な車両がとまっていることになかなか気付かないのである。声かけや連れ去り，盗撮・痴漢等の犯罪被害に遭いやすい場所の特性に着目させつつ，生活科において「社会とのかかわり」を安全教育の視点から扱うことも大切な要素となっている。

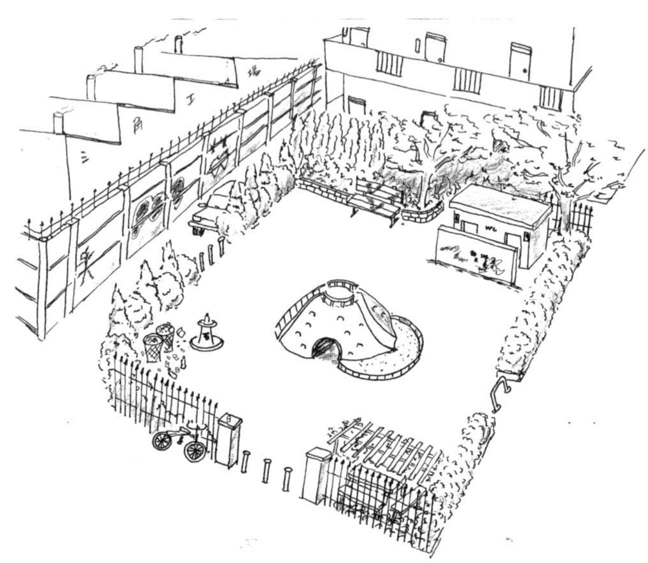

図11-2　自分が危険だと感じる場所を鉛筆で囲み，その理由を記す用紙

第3節　社会科＋総合学習で防災を自分ごとに引き寄せるマイ・タイムラインづくり

災害が頻発している。次に防災を取り上げてみたい。防災をテーマにした学習は社会科がメインの教科であるものの，理科や家庭科でも扱える。ここでは，埼玉大学附属小学校の岩田教諭が試みた「マイ・タイムライン」という避難行動の判断力育成に関わる授業実践をもとに紹介したい。

第4学年3組　社会科学習指導案

令和2年2月6日（木）

岩田信之

1　小単元名　　災害からくらしを守る　～考えよう！マイ・タイムライン～

2　小単元について

小学校学習指導要領（平成29年3月）第4学年内容(3)をねらいとしている。展開にあたっては，問題をつかむ過程において，水道の学習を振り返ることで，荒川と自分とのかかわりをとらえることができるようにした後，荒川の過去の水害について調べることで問題意識を高め，学習問題「荒川の水害からくらしを守るために，だれが，どのような取組をしているのだろうか」を導き出す。次に，問題について調べる過程では，過去の荒川の水害への対処の様子や，水害への備えの様子について調べる。水害への備えについて調べる際には，国（河川事務所や自衛隊）や県庁などの地方公共団体，警察や消防，消防団などの関係機関や地域の人々が協力して対処していることを，写真資料や図を基に具体的に考えられるようにする。特に，2019（令和元）年10月12日～10月13日にかけて関東地方を襲った，台風19号に伴う荒川支川の氾濫被害についても調べ，県内各地における自衛隊の災害派遣にかかわる活動を調べることができるようにする。そして，まとめる過程では，調べたことを関係図や白地図にまとめることで，社会的事象の見方・考え方を働かせながら，学習問題の結論を導く。いかす過程では，関係諸機関や地域の人が様々な対策をしてもなお，水害をなくすことができない事実に出合い，新たな課題「水害から身を守るためには，どうしたらよいのだろうか」を導き出す。その後，水害から身を守るために自分たちにできることを考えたり，選択・判断したりできるようにする。

本時は，学習課題「水害から身を守るためには，どんな避難の計画を立てたらよいのだろうか」を導き出し，自分たちにできることを考えたり選択・判断したりして表現することを目標としている。そのための手立てとして，タイムラインを作成する活動を行う。自助の取り組みを時間軸に位置付け，時間的な見方・考え方を基に，いつ何ができるかを考えることで，水害から身を守るために自分にできることを選択・判断できるようにする。さらに，協働的に解決策を考える活動（タイムラインの作成）を行うことで，よりよく選択・判断できるようにする。

3　小単元の目標と評価規準

○水害から人々を守る活動について，過去に発生した県内の水害，関係諸機関の協力などに着目して聞き取り調査をしたり，地図や年表などの資料で調べてまとめ，水害から人々を守る活動の働きを考え，表現し，関係機関や地域の人々は，様々な協力をして対処してきたことや，今後想定される水害に対し，様々な備えをしていることを理解できるようにする。

知識・技能	思考・判断・表現	主体的に学習に取り組む態度
①水害からくらしを守る対策や事業について，聞き取り調査をしたり各種資料を基に調べ，図や年表などにまとめ，国や市町村などの関係機関や人々は，水害に対して様々な協力をして対処してきたことを理解している。 ②水害からくらしを守る国や県，市町村の取り組みについて調べたことを白地図や関係図などにまとめ，今後想定される災害に対し，様々な備えをしていることを理解している。	①過去に発生した地域の自然災害，関係機関の協力などに着目して，問いを見いだし災害から人々を守る活動について考え表現している。 ②水害が発生した際の被害状況と災害から人々を守る活動を関連付けて，その働きを考えたり学習したことを基に地域で起こり得る災害を想定し，日頃から必要な備えをするなど，自分たちにできることを考えたり選択・判断したりして表現している。	①水害から人々を守る活動について，予想や学習計画を立てたり，振り返ったりして，主体的に学習問題を追究し解決しようとしている。 ②学習したことを基に地域で起こり得る災害を想定し，日頃から必要な備えをするなど，自分たちにできることを考えようとしている。

4　小単元の指導計画・評価計画（9時間扱い）

○内の数字は時間を表す。　　　知：知識・技能　思：思考・判断・表現

〈　〉内は，評価の方法を表す。　態：主体的に学習に取り組む態度

	学習活動・学習内容	評価の観点・内容・方法	資料
問題をつかむ	①②既習を基に荒川の様子や流路について振り返り，写真資料や水害年表から，洪水の被害の様子について調べ，学習問題を導き出す。 ・過去に起こった荒川の洪水の様子 ・県内の浸水地域の広がり ・学習問題を導き出すこと	思　過去に発生した荒川の水害，関係機関の協力などに着目して学習問題を導き出し，結論の予想をノートに表現している。 〈発言・ノート〉	・県の立体地図 ・みなおそう埼玉の水 ・荒川読本
	学習問題 荒川の水害からくらしを守るために，だれが，どのような取組をしているのだろうか。		
	・学習問題に対する予想をすること ・学習計画を立てること	態　学習問題について，予想や学習計画を立てたりして主体的に学習問題を解決しようとしている。　〈発言・ワークシート〉 【時間的な見方・考え方】 【空間的な見方・考え方】 【相互関係的な見方・考え方】	
問題について調べる	③④⑤過去の水害における，関係機関や地域の連携や，国や県，市町村の治水対策事業について調べ，ワークシートや白地図にまとめる。 【調査内容】 ・台風19号における水害発生時の対処 ・堤防の整備状況（スーパー堤防） ・遊水池，調節池，貯水池，ダムの整備状況	知　水害への対策や事業について，各種資料を基に調べ，白地図や図にまとめ国や県，市町村は過去の水害に対して様々な協力をして対処してきたことを理解している。〈発言・ワークシート〉 知　荒川上流河川事務所の方への聞き取り調査から国や県，市町村は今後想定される災害に対し様々な備えをしていることを理解している。　〈発言・ノート〉	・荒川上流河川事務所発行のパンフレット ・荒川読本 水防災編

問題について調べる	《国の働き》 ○埼玉県内の自衛隊の災害派遣に関わる活動 ○国土交通省荒川上流河川事務所の活動 《県の働き》 ○埼玉県消防防災課や河川砂防課の働き 《市町村の働き》 ○県内の各市（さいたま市・川越市・東松山市等）の災害発生時の取り組みや水害を防ぐ取り組み 【調べ方】 ・パンフレット，統計資料等 【まとめ方】 ・白地図や関係図 ⑥国や県，市町村が進めてきた共助の取り組みや自主防災組織の働きや自分たちにできる備えについて調べ，ワークシートにまとめる。 ・荒川下流タイムライン（拡大試行版） ・住んでいる市のハザードマップ ・荒川流域市町村での防災訓練 ・自主防災組織の働き ・自分たちにできる備え	知　水害への対策や事業について，各種資料を基に調べ，白地図にまとめ，国や県，市町村は今後想定される災害に対し，さまざまな備えをしていることを理解している。〈発言･ワークシート〉 【空間的な見方・考え方】 【相互関係的な見方・考え方】 知　水害からくらしを守るための共助や自助の取り組みについて，各種資料を基に調べたことを関係図にまとめ，水害からくらしを守るために地域の人々は，共助や自助の取り組みをしていることを理解している。〈関係図〉 【相互関係的な見方・考え方】	
まとめる・いかす	⑦これまで調べてきたことを関係図に整理し，関係図を基に学習問題に対する学級の結論を導き出す。 ・公助・共助・自助を振り返ること ・既習を振り返りながら，公助・共助・自助の観点から関係図を作成すること ・学級全体で関係図を作成する	思　関係機関や地域の人々の協力体制に着目して水害から人々を守る活動を捉え，学習問題の結論を導きワークシートに表現する。　〈発言・ワークシート〉 全児童記録 知　水害からくらしを守るための公助，共助や自助の取り組みについて，各種資料を基に調べたことを関係図にまとめ，それぞ	・関係図

	こと ・学級全体で作成した関係図を基に話し合い，キーワードを導き出すこと ・キーワードを基に学習問題の結論を導き出すこと	れの果たす役割を理解している。 〈関係図〉 全児童記録 【相互関係的な見方・考え方】	
	水害からくらしを守るために，国や県，市町村は消防や警察と協力して対処したり，連絡を取り合って警報を出したりしている。また水害を防ぐために，県内各地で堤防や遊水池，調整池，ダムなどを建設したり，ハザードマップを作成したりしている。さらに，地域の人々は，自主防災組織をつくって，食料品を備蓄したり，訓練をしたりして備えていて，わたしたちも備えていくことが大切である。		
まとめる・いかす	⑧近年の荒川をめぐる状況について話し合い，新たな課題を導き出す。 ・台風19号の被害（さいたま市・川越市） ・新たな課題を導き出すこと	思　荒川の治水の課題について話し合い，新たな課題を導き出し，予想をワークシートに表現する 〈発言・ワークシート〉	・荒川浸水シミュレーション動画
	新たな課題 水害から身を守るためには，どうしたらよいのだろうか。		
	・新たな課題に対する予想を考えること ・自助の取り組みの重要性に気付くこと ・自助の取り組みを考えること ⑨今後想定される水害に対して，自助の観点からタイムラインを作成する。（本時） ・どのように備えるかを具体的に考える ・タイムラインの作成 ・自分のタイムラインを作成すること ・自分でできる水害への備え	態　学習したことを基に地域で起こり得る災害を想定し，日頃から必要な備えをするなど，自分たちにできそうなことを考えようとしている。〈発言・ノート〉 全児童記録 【時間的な見方・考え方】 思　洪水の被害を減少させるためにできることや，日頃から必要な備えをするなど，自分たちにできることを考えたり選択・判断したりして表現している。 〈発言・ワークシート〉 全児童記録 【時間的な見方・考え方】	・ワークシート ・自助の取り組みカード

第4節　リスク社会に生きる子ども

危機的な状況に陥った際にくじけないで乗り切る精神的な回復力や適応する力，あるいはたくましさのことをレジリエンス（Resilience）と呼んでいる。本来，子どもにもこういった力は備わっており，時間の経過と共に回復するものだ，と楽観視する大人も多いが，遊びや家事手伝いの外部依存化，孤立化・個室化が進んでいる現代の子どもの生活をみれば，容易には回復せず，精神的不安定に陥る危険性がある。レジリエンスを高めるためには，大きく分けて4つの要素が欠かせないと社会心理学の立場ではいわれている。

その1つは，愛情のある支援体制がとられているか，である。家族や親類，友人などはもちろん，近所の顔見知りの大人や学校の先生など多様な大人たちによる共感的な言葉がけ，ときには遊びや勉強につきあってあげることも回復へのきっかけとなる。子どもたちが安心して大人たちに見守られていることを明確に伝える具体的な機会や場面が大事である。2つには，コミュニケーションと問題解決のスキルを体験的に獲得させておくこと，である。学級の友だちとの特別活動や生活科，社会科，総合的学習などを機会に問題解決のスキルを育成しておくことが大切といえる。3つには，計画を最後までやり通す経験をさせること。日常の学校生活でも学年のめあてや自己目標などを作らせるが，単にスローガン的に終わってはいなかったか，日付を入れて計画的に取り組ませる「やり通す意志」を育成しておくことが大事である。

最後の4つ目には，自分の持つ能力を肯定的に感じる考え方をもたせておくことが大事である。小学生などの幼い子どもの場合には，避難所で子どもにもできる物資の配給や水汲みの手伝いなどを依頼するなど，子ども自身の効力感を育て，ひいてはレジリエンスも高める効果がある。災害以前に防災活動を事前に行う場合でも地域の防災マップをつくり上げ，地域に向けて広報活動を行うとか，非常食の炊き出し訓練を手伝う，避難訓練で下級生の手を引いて避難する，バケツリレーで火を消すなど，できることは多い。

もちろん，これら4つの要素を支える前提として十分な食事，睡眠，適度な運動が保たれていることは当然である。リスク社会を生き抜くためにもレジリエンスの能力を高めておくことは重要である。タイムラインづくりなどを通して災害の危険性を自分に引き寄せて考えられる機会は大事である。

課　題

1. 生活科の教科特性と総合的学習の時間のそれを比べ，理念の点での共通点と相違点を整理しなさい。
2. 4年の地域防災をテーマにした社会科と絡めた総合的な学習の時間の単元計画を創作しなさい。

参考文献

井田仁康・志村喬「災害と子どもたちの教育を考える―東日本大震災被災学校の現在とこれからの地理学・地理教育―」『地理』57巻6号pp. 30～35，2012年

今村文彦編著『シリーズ防災を考える　第6巻　防災教育の展開』東信堂，2011年

片田敏孝・NHK取材班著『みんなを守るいのちの授業―大つなみと釜石の子どもたち』NHK出版，2012年

瀧本浩一著『地域防災とまちづくり―みんなをその気にさせる災害図上訓練―』イマジン出版，2011年

寺本潔著『犯罪・事故から子どもを守る学区と学校の防犯アクション41』黎明書房，2006年

寺本潔「防災教育の自校化と社会科の果たす役割」『地理学報告』（愛知教育大地理学会）第114号pp. 29～38，2012年

羽鳥徳太郎「元禄・大正関東地震津波の各地の石碑・言い伝え」『東京大学地震研究所彙報』50号pp. 385～395，1975年

三橋浩志「防災教育と社会教育の関係―防災教育を巡る最近の動向を踏まえて―」『中等社会科教育研究』第31号pp. 3～10，2013年

第12章
社会の変化とこれからの社会科

『学習指導要領小学校社会』の目標の中で，子どもたちに「よりよい社会を考え主体的に問題解決しようとする態度」や「我が国の将来を担う国民として自覚」を養うということが述べられている。このことは，子どもたちが成人した時，我が国の担い手として活躍をしてもらいたいという願いが込められていると捉えることができる。そのためにも，子どもたちに変化の激しい今の社会の様子の中で，課題解決に努めている人々の姿について理解を深めて，これからの社会の発展について自分なりに考えようとする態度を育てるようにしていきたい。

キーワード　現代社会の課題　選択・判断する力　これからの社会の発展を考える

第1節　新学習指導要領の内容の改善・充実について

1．答申における具体的な改善事項

平成28年の中央教育審議会答申では，小学校社会科における具体的な改善事項として次のことが述べられている。

> 小学校社会科においては，世界の国々との関わりや政治の働きのへの関心を高めるよう教育内容を見直すとともに，自然災害時における地方公共団体の働きや地域の人々の工夫・努力等に関する指導の充実，少子高齢化等による地域社会の変化や情報化に伴う生活や産業の変化に関する教育内容を見直すなどの改善を行う。

このことを踏まえて学習を充実させる方向性として次の2つの観点が示された。

○現代的諸課題を踏まえる観点から

・我が国や地方公共団体の政治の仕組みや働き，世界の国々との関わりに関心を高めるとととともに，社会に見られる課題を把握して社会の発展を考える学習の充実を図る。

○持続可能な社会づくりの観点から

・人口減少や地域の活性化，国土や防災安全に関する内容の充実を図るとともに，情報化による生活や産業の変化，産業における技術の向上に関する内容について学習の充実を図る。

　また，児童には，この中で示される学習を通して学んだことを生かして，これからの社会の在り方について，自分なりに考えられる「選択・判断する力」を育てることが求められるようになった。

2．社会への関わりを選択・判断するとは

(1)「選択・判断する」ということについて，以下のように捉えたい。

〈選択・判断するとは〉

> 社会的事象の仕組みや役割を学んだ上で，学習で得た知識などの中から自分たちができること等を考え，自分の意見としての考えを決めるなど，判断することである。

　つまり，「社会に見られる課題を把握して，その課題解決に向けて，自分として社会への関わり方を具体的に考えられるようにすることと考えたい。

　児童が「選択・判断」をするためには，学習を通して取り上げた社会的事象について事実をしっかりと理解を深めることが大切になる。そして，学んだことをもとに，以下のような問いについて児童に考えさせ，自分なりの考えを持たせ，これからの社会の在り方に自分なりの考えを持てるようにしたい。

〈問いとして〉

・自分たちができることはどのようなことか

・学んだことを生かしてこれからは，どのように考えていくことが大切なのか。

・今は，どのようなことが優先すべきことなのか

といった問いについて，学習を通して得られたことから考えを深めるような学習過程を考えていくことが重要となる。

〈問いの例として〉

○4年の自然災害からくらしを守る学習から

「自然災害が起きたとき，自分自身の安全を守るためにできることを考えてみよう」

○5年の工業生産の学習から

「これからの我が国の工業生産を発展させていくために必要なことを考えてみよう」

そして，次のような場面を学習過程の中に位置付けたい。

・取り組みに関わる人々の働きについて理解を深めるようにする場面

・自分の立場を考えて，今できること，あるいは将来できそうなことに関心や考えを持つことを表現できる場面

例えば，森林の保全を学習した中で，国・自治体，企業，NPO等の人々の保全に関わる働きを学んだことから，森林保全について，今の，あるいは将来の私たちができることを具体的に考え，自分なりに選択・判断していくことになる。

(2)「選択・判断する力」を育てる学習内容と学習活動の位置づけについて

「選択・判断する力」をすべての社会科の学習の中で行うのではなく，学年の目標と関連付けて，指導の効果が期待できる内容と学習の中で児童が考える場を考えると以下のように捉えることができる。

〈第３学年〉

内容（3）「地域の安全を守る働き」

・地域や自分自身の安全を守るために自分たちができることを考えたり選択・判断したりできるようにする。

内容（4）「市の様子の移り変わり」

・「人口」を取り上げる際には，少子高齢化，国際化などに触れ，これからの市の発展について考えられるようにする。

〈第４学年〉

内容（2）「人々の健康や生活環境を支える事業」

・節水や節電などについて自分たちができることを考えられるようにする。

・ごみの減量やリサイクル，水を汚さない工夫など自分たちができること考えられるようにする。

内容（3）「自然災害から人々を守る活動」

・地域で起こりうる災害を考え，日頃から備えておくべきことなど，自分たちなりにできることを考えることができるようにする。

内容（4）「県内の伝統や文化」

・地域の伝統や文化の保存や伝承に関わって，自分たちなりにできることなどを考えることができるようにする。

〈第５学年〉

内容（2）「我が国の農業や水産業における食料生産」

・消費者や生産者の立場から多角的に考えて，これからの農業や水産業などの発展について自分の考えをまとめることができるようにする。

内容（3）「我が国の工業生産」

・消費者や生産者の立場から多角的に考えて，これからの工業などの発展について自分の考えをまとめることができるようにする。

内容（4）「我が国の産業と情報との関わり」

・国民の立場から多角的に考えて，情報化の進展に伴う産業の発展や国民生活の向上について，自分なりの考えをまとめることができるようにする。

内容（5）「我が国に国土の自然環境と国民生活との関連」

・国土の環境保全について，自分たちなりにできることをまとめることができるようにする。

〈第６学年〉

内容（1）「我が国の政治の働き」

・国民としての政治への関わり方について多角的に考えて，自分なりの考えをまとめことができるようにする。

内容（3）「グローバル化する世界と日本の役割」

・世界の人々と共に生きていくために大切なことや，今後，我が国が国際社会において果たす役割などについて多角的に考えて，自分なりに考えられるようにする。

5，6年になると，「多角的に考える」という表現が多くなってきている。この場合「多角的に考える」とは，児童が学習の対象とする社会的事象に関わる複数の立場の人々の役割や考え方について調べ，児童が自分なりに考えられるようにすることと捉えたい。

(3) 「選択・判断する力」を第5学年の学習から考える

第5学年の「情報を活用して発展する産業」(全8時間) の指導から「選択・判断する力」の育成について考えたい。

この小単元の学習指導要領との関連としては，学習指導要領の次の内容を受けて設定することができる。

> (4) 我が国の産業と情報との関わりについて，学習の問題を追究し解決する活動を通して，次の事項を身に付けることができるよう指導する。
> ア 次のような知識及び技能を身につけること。
> (イ) 大量の情報や情報通信技術の活用は，様々な産業を発展させ，国民生活を向上させていることを理解すること。
> (ウ) 聞き取り調査をしたり映像や新聞などの各種資料で調べたりして，まとめること。
> イ 次のような思考力，判断力，表現力等を身に付けること。
> (イ) 情報の種類，情報の活用の仕方などに着目して，産業における情報活用の現状を捉え，情報を生かして発展する産業が国民生活に果たす役割を考え，表現すること。

そして，この小単元の目標は，つぎのように設定することできる。

〈小単元の目標〉

① 我が国の産業と情報の関わりについて，各産業で収集・蓄積されている情報の種類，情報の活用方法に着目して，情報が産業を発展させ，また国民生活を向上させていることを理解する。

② 生活環境を取り巻く様々な情報を活用する産業が生活を向上させているだけではなく，自身もまた情報の発信者であることを理解し，情報について多角的に捉え，産業の発展，国民生活について主体的に考えようとする態度を養う。

この目標の設定から，知識については，

○様々な情報が産業の発展や国民生活を向上させていることを理解する。

○国民は情報の利用者であると同時に，発信者であることを理解する。このことが，学習を通して，児童に理解をさせることとなる。

そして，これらの理解をもとに，児童に思考・判断・表現として育てることとして，次のことが挙げられる。

○情報が産業の発展や国民生活の向上にどのように繋がっているかを考え，表現する。

○各産業が情報を生かして，どのように発展しているかを捉え，それらの産業が国民生活に果たす役割について考える。

そして，これらのことをもとに，選択・判断する児童の姿として「学習したことを基に，産業と国民の立場から多角的に考えて，情報化の進展に伴う産業の発展や国民生活の向上について考えることができる」ということと捉えたい。

この小単元の学習内容として学習指導要領では第5学年学習内容(4)「内容の取扱い」(4)(イ)で次のよう述べられている。

> イ　アの(イ)及びイの(イ)については，情報や情報技術を活用して発展している販売，運輸，観光，医療，福祉などに関わる産業の中から選択して取り上げること。その際，産業と国民の立場から多角的に考えて，情報化の進展に伴う産業の発展や国民生活の向上について，自分の考えをまとめることができるよう配慮すること。

この内容の取扱いの(4)のイは，内容の(4)アの(イ)及びイの(イ)の指導において，取り上げる対象の範囲について示したものである。

ここでは，「様々な産業」について，「販売，運輸，観光，医療，福祉など」情報を活用して発展している産業の中から選択して取り上げることが示されている。

取り上げる事例としては，例えば，販売情報を収集・分析して商品の入荷量や販売量を予測したり，インターネット上で商品の管理を行ったりしている販売業，交通や位置，気象などの情報を活用したり，倉庫を運営する産業と連携して迅速かつ効率的な輸送に努めたりしている運輸業，魅力ある地域の観光資源について情報を発信して地域の活性化に努めている観光業，様々な機関と連携したり離れた地域間で情報を共有したりすることによりサービスの向上に努めている医療や福祉などの産業が考えられる。

事例の選択に当たっては，情報を活用して産業におけるサービスを向上させたり，販売業と運輸業などが結び付いて物流を構成するなど複数の産業が相互に結び付くことで新たなサービスを提供したりして，国民生活の利便性を大きく向上させている例など，国民の身近な生活を支えている事例を取り上げることが考えられる。その際，情報通信機器の操作方法や情報通信の仕組みに深入りすることがないように，児童の発達の段階を考慮して指導することが大切である。

また，学習したことを基に，大量の情報を活用して産業をより一層発展させることや，それにより国民生活の利便性が向上すること，国民は適切な情報を見極める必要があることなど情報活用の在り方を多角的に考えて，情報化社会のよさや課題について自分の考えをまとめるともに将来の産業と生活の向上に向けて，自身が果たすべき役割についても考えを深め，社会の一員としての自覚を育てることがこの小単元で児童に育てることと捉えることが大切となる。

第2節　具体的な学習展開

第5学年「情報を生かして発展する産業では，「販売，運輸，観光，医療，福祉など」情報を活用して発展している産業の中から選択して取り上げる。ここでは，販売情報を収集・分析して商品の入荷量や販売量を予測したり，インターネット上で商品の管理を行ったりしている販売業の授業例を紹介する。

1　小単元名 「情報を生かして発展する産業」（販売業）

2　小単元の目標

産業の中での情報の活用の現状や未来について調べることを押して，各種の情報や情報通信技術の活用が様々な産業を発展させ，国民生活を向上させていることを理解するとともに，その課題を考えることができる。

3　観点別評価規準

知識・技能	思考・判断・表現	主体的に学習に取り組む態度
①情報の種類，情報の活用の仕方について，聞き取り調査をしたり映像や新聞等の各種資料を調べたりして，必要な情報を集め，読み取	①情報の種類，情報の活用の仕方等に着目して，問いを見出し，産業における情報活用の現状について考え，表現している。	①我が国の産業と情報との関わりについて，学習問題や学習計画を立てたり，学習を見直したりして，主体的に学習問題を追究し解決しようとして

り，産業における情報活用の現状について理解している。 ②大量の情報や情報通信技術の活用は，様々な産業を発展させ，国民生活を向上させていることを理解している。	②情報化の進展に伴う産業の変化や発展と国民生活の向上を関連付けて，情報を生かして発展する産業が国民生活に果たす役割を考え，適切に表現している。	いる。 ②学習したことを基に，産業と国民の立場から多角的に考えて，情報の進展に伴う産業の発展や国民生活の向上について考えようとしている。

4　小単元の指導計画

時数	ねらい	学習活動・内容
つかむ(1)	様々な産業の中で情報や情報通信技術が活用されていることに気付き，それらを基に，販売業における情報の活用に関する学習問題を作ることができる。(1)	・情報や情報通信技術の活用がどんな産業を発展させているか考える。 ・考えたことを基に，販売業における情報の活用に関する学習問題を立てる。
	販売業は，情報や情報通信技術をどのように活用し，どのような成果をあげているのだろう。	
調べる(4)	POSシステムは，コンビニ等の販売業を発展させ，私たちの生活を向上させるために，どんな情報をどのように活用している調べることができる。(1)	・コンビニのPOSシステムではどのような情報が必要なのか考え話し合う。 ・集めた情報をどのように役立てているのか予想し，資料を基に調べる。
	電子マネー決済用のマルチ端末の利点を考える活動を通して，販売の効率化や消費者へのサービス向上をもたらしたことを理解できる。(1)	・電子マネー決済用のマルチ端末の仕組みについて知り，どのような利点や成果があるのか調べる。
	ICタグを活用した無人レジは，人手不足の解消や会計スピードの向上，買い物時間の短縮をもたらし，消費者の満足度を高めるが，導入には課題があることを考えることができる。(2)	・無人レジの仕組みについて知り，導入するにあたっての利点について考え，話し合う。 ・導入するにあたっての課題を予想し，その解決策を考え，話し合う。
まとめる(1)	販売業では情報や情報通信技術をどのように活用して発展しているのか新聞にまとめることができる。(1)	・販売業は，情報や情報通信技術を活用し，どのような成果をあげているのか新聞にまとめる。 ・作った新聞を班で発表し合う。

いかす(1)	販売業と他の産業が結びついた新たなサービスとしてのネットショッピングの利点と課題を知り，販売業と情報の関わりを考えることができる。(1)	・ネットショッピングの利点と課題について考えたことを発表し合う。 ・販売業と情報の関わりについて話し合い，どのように情報化社会と関わっていけばよいか自分の考えをもつ。

5　本時の指導（全7時間中の第5時間目）

(1)　本時の目標

ICタグを活用した無人レジの導入における課題や解決策について考えることができる。

(2)　本時の展開

	○学習内容・学習活動	指導上の留意点・評価
導入	○無人レジの利点を確認する。 無人レジの課題を考え，解決策を話し合おう。	・店側，消費者側の利点，両者の利点という観点で考えさせる。
展開	○無人レジ導入の課題を考える。 〈店側〉在庫管理が楽。人出不足解消 〈消費者〉操作が簡単。会計が早い。 〈共通点〉混雑解消。安全・安心 ○無人レジ導入の課題を発表する。 ○無人レジ導入のために解決策を話し合う。	・多くの利点があるのに，未だ普及していないことをとらえ，その理由や背景を考えさせる。 ・選択した課題は異なっても，解決策が同一の方向であれば，共通点として取り上げる。 ・コンビニの情報活用の現状や未来について考えさせる。
まとめ	○無人レジ導入のための解決策発表し合い，めあてをふりかえって，学んだことをノートにまとめる。	【イ－②】無人レジ導入の課題を把握し，その解決策について自分の考えを表現している。（発言・ノート）

この小単元では，情報を活用して産業におけるサービスを向上させたり，販売業と運輸業などが結び付いて物流を構成するなど複数の産業が相互に結び付くことで新たなサービスを提供したりして，国民生活の利便性を大きく向上させていること等，国民の身近な生活を支えていることが考えられるようにする。

課　題

1. 身近な社会における課題となることについて考えてみよう。
   そして，その課題について，社会科の学習に生かすために社会的な見方・考え方を通して分析してみよう。
2. 「選択･判断する力」を育てるために,学習指導する際にどのような「問い」が考えられるか,1で取り上げた課題についての具体的な「問い」を考えてみよう。

参考文献

『教育技術小五・小六』2019年6月号，小学館，2019年
『初等教育資料』平成31年4月号，東洋館出版社，2019年
「社会科の改訂のポイント」文部科学省初等中等教育局視学官　澤井陽介（独立行政法人教職員支援機構）
文部科学省『小学校学習指導要領（平成29年告示）解説　社会編』東洋館出版社，2018年

索　引

■あ

■か

■さ

■た

執筆者および執筆分担

寺本　潔（てらもと・きよし）　編者，第1章，第2章，第11章
玉川大学教育学部教授

佐藤繁則（さとう・しげのり）　第3章，第4章，第6章，第7章，第10章
元玉川大学教師教育リサーチセンター教職サポートルーム客員教授

小泉与吉（こいずみ・よきち）　第5章，第8章，第9章，第12章
元玉川大学教師教育リサーチセンター教職サポートルーム客員教授

小林　巧（こばやし・たくみ）　第12章
玉川大学教師教育リサーチセンター教職サポートルーム客員教授

教科指導法シリーズ　改訂第2版
小学校指導法　社会

2011年2月25日　初版第1刷発行
2021年2月10日　改訂第2版第1刷発行

編著者――――寺本　潔
発行者――――小原芳明
発行所――――玉川大学出版部
〒194-8610　東京都町田市玉川学園6-1-1
TEL　042-739-8935　FAX　042-739-8940
http://www.tamagawa.jp/up/
振替　00180-7-26665
装幀――――――しまうまデザイン
印刷・製本―――株式会社クイックス

乱丁・落丁本はお取り替えいたします。

ISBN978-4-472-40575-4　C3337/NDC375